KB125359

배우기 쉬운
화훼장식

배우기 쉬운
화훼장식

초판 1쇄 발행 2021년 8월 15일

지 은 이 박성숙
발 행 인 권선복
디 자 인 김소영
전 자 책 오지영
발 행 처 도서출판 행복에너지
출판등록 제315-2011-000035호
주   소 (07679) 서울특별시 강서구 화곡로 232
전   화 0505-666-5555
팩   스 0303-0799-1560
홈페이지 www.happybook.or.kr
이 메 일 ksbdata@daum.net

값 20,000원
ISBN 979-11-5602-901-4 (13630)

도서출판 행복에너지는 독자 여러분의 아이디어와 원고 투고를 기다립니다. 책으로 만들기를
원하는 콘텐츠가 있으신 분은 이메일이나 홈페이지를 통해 간단한 기획서와 기획의도, 연락
처 등을 보내주십시오. 행복에너지의 문은 언제나 활짝 열려 있습니다.

배우기 쉬운 화훼장식

박성숙 지음

Flower Design
Westrn Style
Design Techniques
European Style

도서
출판 행복에너지

목차

플 라 워 디 자 인 의   원 리 와   요 소

1. 플라워디자인이란
플라워디자인이란 우리들의 생활 목적에 맞추어 일정한 예술의 기본 원리와 요소를 이용하여 꽃을 중심으로 잎, 줄기, 열매 등 식물을 소재로 개성있게 표현하는 조형예술이다.

2. 플라워디자인의 분야
플라워디자인의 활용범위는 매우 다양하나 꽃을 주소재로 하여 목적에 따라 생활 속에서 새롭게 창조하는 조형예술이다.
장식의 꽃, 감상용의 꽃, 테이블의 꽃, 공간의 꽃, 의식의 꽃, 선물용의 꽃 등이 있다.

3. 디자인의 원리

구성 | Composition
성분(용기, 꽃, 잎, 악세서리)이나 요소를 통일되고 조화로운 전체로 묶는 것이라 말할 수 있다. 구성은 완성된 배열로 간주된다. 디자인 스타일을 만드는데 있어서 흔히 말하는 시간, 장소, 경우, 이 세 가지 조건을 충족시킬 수 있는 구성이 필요한 것이다.

비율 | Proportion
비율이란 화형을 이루는 요소간의 상대적인 크기를 말한다. 우리가 그동안 자주 접했던 황금분할이 그 예이다. 즉 커다란 부분에 대한 작은 부분의 비율이, 커다란 부분의 전체에 대한 것과 동일하다는 것이다.
결론적으로 좋은 비율은 좋은 균형으로 이어지고, 좋은 균형은 좋은 비율로 이어지는 것이다.

통일 | Unity
부분 부분이 모아져 하나로 완성되어있는 상태를 말한다. 통일감을 달성하기 위하여는 개별적인 부분들의 그룹보다는 전체를 하나의 단위로 바라보는 것이 중요하다. 즉 전체적인 구성이 개별적인 부분들을 압도해야 한다는 것을 의미한다.

균형 | Balance

사람들은 균형을 요구한다. 즉 질서감각에 어긋나는 것을 보면 혼란스러움을 느낀다. 여기에는
물리적인 균형도 존재하고 시각적인 균형도 존재한다. 성공적인 디자인의 필수적인 것이 균형이
다. 그러므로 일단 재료들이 선택되면 어떤 형태로 균형을 이룰 것인가 확인해야 한다.
균형이 맞지 않으면 비율도 떨어진다. 이것은 균형감각과 안정감을 주는 꽃배열의 성질이다.
어떤 식으로든 불균형적인 것은 유쾌함을 주지 못한다. 물리적 균형과 시각적인 균형이 모두 존
재할 때 안정감을 준다.

율동감 | Rhythm

플라워디자인의 리듬은 음악의 리듬과 비슷하다. 눈의 흐름을 느리게, 천천히, 또는 중단없이 흐
르는 듯하게, 때로는 빠르고 활기차게, 갑자기 끊어지는 듯한 표현으로 감정을 흔드는 감각의 움
직임을 만들어내야 한다.
리듬의 목적은 초점에 몰렸던 집중적인 시선을 디자인 모든 부분으로 보내는 것이다. 즉 눈의 움
직임을 초점에서 디자인의 다른 모든 부분으로 옮겨가게 해야 한다.
리듬은 비슷한 색, 모양, 조직, 선 등을 반복하여 쉽게 표현할 수 있다. 색의 반복은 초점에서 다
른 구성부분으로 시선을 끄는 가장 커다란 요소가 되기도 한다. 꽃구성에서 리듬은 움직이는 느
낌을 주는 특성이 있어 시각적인 즐거움을 줄 것이다.

액센트 | Accent

액센트, 즉 디자인의 압도적인 느낌을 주도하며 흥미를 유발하는 시각적 활동의 중심을 초점이
라 말한다. 꽃구성에서는 시작하기 전에 초점을 계획해두는 것이 도움이 된다. 초점이 없는 작품
은 호소력이 약하고 집중력이 떨어지기 때문이다. 대칭적인 디자인에는 초점이 중앙에 있는 반
면에 비대칭적인 디자인에는 한쪽에 치우친다. 작품에 흥미를 유발하는 최선의 방법은 액센트,
즉 초점을 만드는 것이다. 이것이 주의를 끄는 것이 된다.
그러나 지나치게 압도적이어서는 안된다. 구성의 일부로 존재해야 한다.

조화 | Harmony

음악에서 서로 다른 것이 잘 섞여서 질서정연한 전체를 이루어야하듯 조화의 원칙은 플라워디자
인에 있어서 핵심적인 것이다. 조화가 결핍되면 혼란스럽다. 다시말하면 다양한 모든 요소들간
에 적절한 관계가 이루어지는 효과를 말한다.

조화감각을 얻기 위하여 스스로에게 다음과 같은 질문을 해보는 것도 중요하다.
'어떤 분위기와 테마가 요구되는가?', '테마와 일치시키기 위한 여러 부분에 요구되는 크기, 모양, 조직 등 모든 것들이 서로 어울리는가?', 즉 '조화로운가'를 따져보는 것은 플라워디자이너로서 중요한 것이다.
또한 비율과 리듬의 요소를 함께 지니고 있어 디자인할 때 가장 중요한 포인트가 된다.

대조 ｜ Contrast
작품에 있어서 균형과 밀접한 연관을 지닌 대비는 조형의 요소로서 구성적 대비와 양적인 대비, 형태적 대비, 질감적 대비, 색채적 대비를 들 수 있다.
대비란 서로 다른 성질을 가진 색채나 형태 또는 질감과 구성에 있어서의 강한 대비가 하나의 작품에 있어서는 전체적인 통일을 이루어야 한다.

4. 디자인의 요소

선 ｜ Line
모양과 구조, 높이, 넓이, 깊이를 제공한다. 선의 사용은 눈의 움직임과 리듬을 증대시켜 시각적 효과를 더해준다. 선을 능숙하게 사용하면 구성이 강해지고 멋져진다.

형태 ｜ Form
형태란 물건의 입체적인 면을 가르킨다. 쉽게 말하면 모양이라 말할 수 있다. 완성된 꽃 디자인은 다양한 작은 모양들의 조합이다. 그러므로 모양을 살피는 것이 중요하며 디자인의 다양한 모양은 흥미를 더해주고 시각적인 만족감을 주는데 필수적이다.

질감 ｜ Texture
표면구조라 말하는 조직은 쉽게 지나칠 수 있는 요소지만 깊이와 시각적 흥미를 더해주는 다양한 조직이 섞여 있는 것을 성공적인 배합이라 할 수 있다. 조직은 거칠다, 부드럽다, 반짝인다, 밋밋하다 등 여러 가지로 표현된다. 이들의 재료선택은 중요하며 전체적인 디자인 효과를 높일 수 있다.

색 ｜ Color
누구나 주목할 수 있는 유일한 시각적 요소가 되므로 디자인에 있어서 중요한 부분을 차지한다. 색은 균형, 깊이, 강조, 리듬, 조화 및 통일을 이루는데 사용된다. 플라워디자인의 시각적 성공은 주로 색과 색의 관계에 달려있다.

공간 | Space
공간은 음성적인 공간과 양성적인 공간, 열린 공간으로 구분할 수 있다. 흔히 지나치기 쉬운 경향이지만 선과 형태의 중요도를 높여주는 역할을 한다.

깊이 | Depth
적절한 깊이는 전체적인 디자인의 균형감각에 도움이 된다. 그러므로 꽃구성에 있어서 깊이감을 조성하는 것은 중요한 일이다. 재료의 크기, 색상, 명도를 사용하여 깊이감을 더 할 수 있다.

향기 | Fragrance
형태, 조직, 색과 마찬가지로 디자인 요소가 될 수 있다. 시각적인 것만이 아니라 감각적인 또다른 차원의 즐거움을 더해주기 때문이다. 고대에는 향기가 질병에 대한 저항력이 있다고 믿었기 때문에 꽃에 있어서 가장 중요한 측면으로 간주되기도 했다.

색 채

1. 색의 3요소(속성)

색의 성질은 색상과 명도 그리고 채도의 세 가지 속성으로 생각할 수 있으며 이를 색의 3요소라고 한다.

우선 색은 크게 무채색(achromatic color)과 유채색(chromatic color)으로 구분된다. 무채색은 흰색,검정색, 회색 등 이른바 일반적인 색이라고는 생각되지 않는 것들이다. 유채색은 빨강이나 초록과 같이 일반적으로 색채를 느낄 수 있는 것들로 각각의 계통이 있어 **빨강색계**, 파랑색계, 초록색계등 하나의 색채군으로서 구별할 수 있는데 이것을 색상이라 부른다.

색상(色相) | Hue
유채색들로 'H'로 표시한다. 전통적인 색상환은 열두 가지 색으로 되어있다.

1차색인 빨강, 파랑, 노랑의 3원색과 3원색 중 두가지 색을 같은 분량으로 섞은 2차색이라고 부른다. 다른 여섯 개의 중간색, 즉 3차색은 1차색과 인접한 2차색을 같은 양으로 혼합하였을 때 나온다. 이런 색들을 색상이라고 부른다.

명도(明渡) | Lightness or Value
명도란 색채의 밝기, 명암 상태를 나타내는 척도로 무채색과 유채색 모두에 있다.

명도는 상하의 위치로 나타내어 위로 올라갈수록 명도는 높아진다. 같은 색 계통안에서도 명도가 높은 색과 낮은 색이 있다.

색상은 흰색을 첨가함으로써 밝아지고 회색에 의해서 약간 어두워지고 검정을 섞음으로써 어두워진다.

컬러에 흰색을 섞어서 엷은 색(Tint)을 만든다. 그리고 회색을 섞어서 톤(Tone)을 만들고, 검은 색은 음영(shade)을 만든다.

밝은 색은 명도가 높은 위치에 있고 어두운 색은 낮은 위치에 있다. 밝은 색은 명랑한 느낌, 어두운 색은 음산한 느낌을 주기 쉽다. 또 색의 경중(輕重)도 밝은 색은 가볍고 어두운 색은 무거운 감을 준다.

채도(彩度, 포화도) | Chroma or Saturation

유채색의 순수한 정도를 뜻하기 때문에 순도라고 하며, 한 색상에서 채도가 가장 높은 색을 무채색이 섞이지 않은 순수한 순색이라고 한다.

즉 유채색에 무채색(흰색, 회색, 검정색)이 많이 섞이면 채도가 낮아진다.

2. 색의 성질

난색과 한색

순색의 경우에 주황을 중심으로 빨강, 자주, 노랑은 따뜻한 느낌을 주기 때문에 난색이라고 하고, 파랑을 중심으로 청록, 보라, 주변의 색상은 따뜻하거나 찬 느낌을 주지 않기 때문에 중성색이라고 한다.

진출색과 후퇴색

대체로 노랑이나 빨강 같은 난색계통의 색은 파랑과 청록 같은 한색계통보다 앞으로 나오게 보이기 때문에 진출색이라고 한다. 한색계통의 색은 멀리 보이기 때문에 후퇴색이 된다.

유채색은 무채색보다 진출해 보이는 경향이 있으며 배경이 어두울 때는 밝을수록 진출해 보이지만, 배경이 밝으면 오히려 어두운 색이 진출해 보인다.

3. 색의 조화와 분류

동색 조화 | Monochromatic Color Harmony

각 색상 가운데서 선택한 순색에 흰색과 회색, 검정의 무채색을 각각 섞어 그 혼합된 색을 사용해서 배색함으로써 동일 색상에 의한 조화를 얻을 수 있다.

서로 서로의 색이 동일한 색상을 가지고 있기 때문에 훌륭한 정돈 상태를 나타내지만 자칫하면 평범하고 단조로운 것이 되기 쉽다. 따라서 동색계열이라 하더라도 배합할 때 명도와 채도에 적당한 차이를 둠으로써 변화를 주어야 한다.

유사색 조화 | Analogous

하나의 1차색과 색상환에서 이웃하는 90도내의 색상을 말한다. 색상환에서 서로서로 유사한 색상의 밝고, 어둡고, 선명하고, 둔한 색들 중에서 각각 적당한 색을 골라 배색하면 그 효과를 동일색상의 조화보다 색상의 폭이 생겼기 때문에 조화 속에서도 변화있는 아름다움이 느껴지게 된다. 이 경우도 동일색상의 혼합과 같이 그 배색에 명도차와 채도차가 있는 색을 사용하는 편이 한층 더 다양하고 풍부한 조화를 얻을 수 있다.

- 난색계(빨강, 주황, 노랑)에 의한 유사색 조화
  따뜻한 분위기에 유사색에 의한 융화감이 가해져서 자극성이 강하면서도 알맞게 안정된 정돈 상태를 나타낸다.
- 한색계(청록, 바다색, 파랑)에 의한 유사색 조화
  차분한 분위기로 정돈되고 이지적인 느낌을 준다.
- 중성계(녹색계, 보라)에 의한 유사색 조화
  한색계나 난색계만큼 특징은 없지만 시각적으로 피곤하지 않고 상쾌한 분위기로 조화된다.

보색 조화 | Complementary

색상환에서 서로 직선으로 마주보는 두 색의 조화, 대비되는 색은 서로 보색되어 조화를 이룬다. 보색관계에 있는 배색은 너무 강하기 때문에 한 색상의 비율을 잘 이용해서 구성해야 한다.

삼색대비 조화 | Triad

색상환을 3등분했을 때 생기는 세 개의 뾰족한 끝머리의 색상을 배색한 것으로 이때 한 가지 색상이 강조되도록 하여야 한다.

근접보색 조화 | Split Complement

근접보색 조화는 한 색상과 이와 서로 마주보고 있는 보색의 양쪽에 위치한 두 색상과의 조화에 의해 이루어진다. 예컨데 색깔 대비는 보색대비만큼 강렬하지는 않다. 강조를 하기 위해서는 한 가지 색을 선택한다.

다색 조화 | Polychromatic Color Harmony

다색 조화는 세 가지 또는 그 이상의 관련없는 색깔을 사용함으로써 나타난다.
이런 색상의 배색을 사용할 때 함께 어울릴 수 있는 틴트와 쉐이드를 사용한다. 다시 한번 강조하지만 한 색상이 주를 이루도록 하여야 한다.
플라워디자인에 있어서 그린은 네츄럴 컬러이기 때문에 어떤 꽃과도 조화를 잘 이룰 수 있다.
플라워디자인에 있어서 꽃의 배합은 재질만큼이나 중요한 몫을 차지하고 있다.

4. 한국의 전통색

우리나라의 전통 색채는 생활 속에서 아름다움을 추구하는 요소로 사용되었을 뿐만 아니라 음양오행사상을 표현하는 상징적 의미의 표현 수단으로서 이용되어 왔다. 오행에는 오색이 따르고 방위와 절계가 따른다. 그것은 색과 방위와 절계를 오행에 맞추어 생각하기 때문이다. 중앙과 사방을 기본적으로 삼아서 오방이 설정되고 거기에서 팔방과 십육방이 생성한다고 한다. 색상 또한 방위에 따라 오색을 배정하고 오행의 상관관계로 하여 중간색이 나오며 중간색에서 무한한 색조가 생성하는 것이라고 보았다.

오행을 상응하는 오색은 청, 적, 황, 백, 흑이다.

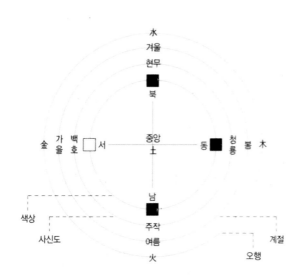

플라워디자인의 실제

1. 꽃의 형태 분류

꽃은 그 생긴 형태에 따라서 네 가지의 형태, 즉 라인 플라워(line flower), 매스 플라워(mass flower), 폼 플라워(form flower), 필러 플라워(filler flower)로 나눌 수 있다. 꽃 뿐만 아니라 모든 종류의 잎이나 관엽식물도 이 네 가지 형태에 속한다. 또한 모든 종류의 잎이나 관엽식물도 이 네가지 형태를 잘 나타내주는 소재가 우리 주위에 많으므로 찾아서 사용하면 좋은 작품을 만드는 데 도움이 될 것이다.

라인 플라워 | Line Flower

라인 플라워는 꽃줄기가 곧고 키가 크며 줄기에 따라 작은 꽃이 피는 종류로서 플라워디자인의 외곽을 구성하는데 사용하는 꽃으로 글라디올러스·금어초·스톡·리아트리스·스위트피·부들 등의 줄기선을 이용하여 플라워 디자인의 기본적인 직선과 곡선을 구성하는 소재이다.

매스 플라워 | Mass Flower

매스 플라워는 작품의 외곽에서 초점으로 향하여 꽂아가는 작품 구성에서 디자인의 양감을 표현하고 면을 만들어주는 역할을 하는 꽃으로 해바라기·장미·국화·카네이션·수국·다알리

아·작약 등과 같이 많은 꽃잎이 한 덩어리로 된 꽃송이로 크고 둥근 형태의 꽃을 말한다.
초점 부근의 폼 플라워와 윤곽의 라인 플라워 사이에 자리잡는 꽃으로 두 개의 매스 플라워를 같은 위치에 두지 않는다.

폼 플라워 │ Form Flower

꽃 자체가 아름답고 색깔이 화려한 꽃으로서 선(線)과 면(面)의 구성만으로는 부족한 것을 명확한
꽃으로 높고 낮게 악센트를 주어 디자인을 보강해 주는 꽃이다.

크고 개성적인 꽃으로 눈에 잘 띄기 때문에 보통
작품의 초점에 꽂아 시각상의 초점(focal point)
이 되게 꽂는 꽃이다.

칼라 · 극락조화 · 안수륨 · 백합 · 아이리스 · 카
틀레아 · 튤립 · 양란 등과 같이 한 장의 꽃잎만
없어도 그 꽃의 형태가 망가지는 꽃이다.

필러 플라워 │ Filler Flower

라인 플라워와 매스 플라워의 부족한 듯한 공간을 메꾸어 주며 주된 초점의 소재를 더욱 강조시
켜주며 길고 짧게 꽂아서 더욱 입체감을 보강해
주거나 율동감이나 색감을 부드럽게 해주는 역
할을 하는 소재로서 과꽃과 패랭이 · 에리카 · 소
국과 같이 작은 곁가지에 꽃이 하나씩 피는 것과
스타티스 · 안개꽃 등과 같이 한 줄기 또는 여러
줄기에 작은 꽃들이 빽빽하게 핀 꽃으로 작품의
공간을 마무리 해준다.

2. Green의 형태 분류

Line Green   잎새란, 네프로네피스, 양골담초
Mass Green   동백
Form Green   몬스테라, 엽난, 시프러스, 칼라디아
Filler Green   아스파라가스, 편백, 회양목

3. 꽃을 싱싱하게 오래 유지하는 방법

식물인 꽃은 수분과 양분을 흙 속에서 뿌리로 빨아올려 줄기의 도관(導管)을 통하여 잎과 꽃, 식물 전체에 보낸다. 끌어올린 수분을 잎의 기공(氣孔)으로 증발시키는 일을 증산작용(蒸散作用)이라 한다. 이 작용은 온도가 높고 건조할 때일수록 많이 발산하고 저온다습할수록 적게 작용한다. 우리들이 쓰는 꽃은 거의 뿌리가 잘린 꽃이지만 이들은 줄기만으로도 물을 충분히 빨아올릴 수 있는 힘을 가지고 있다. 이것은 식물의 줄기에 도관(導管)이라 불리는 조직이 있어서 이 도관을 통하여 물이 꽃이나 잎으로 보내지기 때문이다.

거의 모든 식물은 자르자마자 물에 담그면 물을 올리는 작용을 한다. 우리가 흔히 쓰는 꽃은 자른지 하루나 며칠이 지난 꽃이므로 줄기 끝을 2~3cm정도 잘라주면 수분을 충분히 빨아올린다.

물오르기 전의 손질

잘라놓은 꽃뿐 아니라 일반 식물에 이르기까지 꽃이나 잎의 육성, 증발과 흡수와의 수급균형이 무너지면 안된다. 동시에 빨아올리는 흡입구가 막히면 흡수 능력이 없어져서 시들어버리므로 자른 부분과 물은 항상 깨끗하게 하여 박테리아가 번식하지 않게 하는 것이 원칙이다.

밑부분을 2~3cm 정도 잘라 물에 담그기

모든 소재는 줄기의 끝을 약간 잘라서 물 속에 깊숙히 담근다. 그렇게 하여 1~2시간이면 꽃에 물이 오른다.

물 속에서 가지를 자르거나 꺾는 방법

줄기의 뿌리쪽을 물 속에 넣은채 자르거나 꺾는 방법을 쓰면 효과적이다.

뜨거운 물에 데치거나 담그는 방법

다알리아 · 해바라기 · 국화류는 밑 부분을 2~3cm 정도 자르고 필요 없는 잎들은 떼어버린다. 자른 밑부분을 나란히 맞추어 단으로 묶어 꽃이나 잎이 상하지 않도록 종이에 싸서 끓는 물에 데치거나 삶는 방법이다. 자른 부분에 강한 자극을 주어 살균과 함께 순간 흡수력을 준다. 급하게 물을 올려 주어야 할 때 사용한다. 그러나 여름에는 가급적 피하는 것이 좋다.

30초에서 1분 정도면 변색하므로 즉시 찬물 속에 넣도록 한다. 또 용기에 끓는 물을 넣고 20~30분 정도 담갔다가 물에 담그는 방법도 있다.

불에 태워 주는 방법

마가목 · 라일락 · 모란 · 모과나무 · 포인세티아 · 조팝나무 등은
줄기의 뿌리쪽을 불로 1분 정도 그을린다.
어느쪽이든 박테리아의 발생을 방지하고 줄기의 세포를 자극한다.

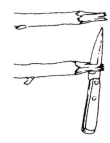

밑부분을 쪼개거나 짓이기는 방법

모든 나무에 쓸 수 있는 방법으로 굵은 줄기나 딱딱한 가지는 줄기의
뿌리 쪽을 망치로 두들겨 짓이겨서 섬유질을 활성화시키거나 가위
등을 사용하여 열십자로 자르거나 긁어서 상처를 주어 물의 흡수 면
적을 넓힌다.

펌프로 줄기 속에 물을 넣는 방법

수련 · 연꽃 · 대련꽃 등의 자른 부분을 통하여 줄기 속에 물을 주입하는 방법이다.

그 밖에 소금 · 박하기름 · 염산 · 알코올 · 붕산 · 파라핀 · 설탕 등을 쓰는 경우도 있다.

유러피언 디자인 | European Design Style

1. 기본적 이념

유럽식(European Design Style)과 미국식(Western Design Style)은 기술적으로 다소 차이는 있으나 기본적 이론은 서로가 비슷하다. 단지 유럽식은 19세기 초부터 독일을 중심으로 전통적인 것에서 과감하게 벗어나 그들만의 새로운 작품 성향으로 특징지으며 발전되면서 네덜란드, 이탈리아, 프랑스, 북구라파, 남구라파 등에서 주로 하는 스타일을 말하고 미국식은 미국을 중심으로 발전된 스타일이라 말할 수 있다.

이 두가지 스타일을 디자인하고자 할 때는 꽃이나 식물을 단지 '아름답다' 고만 하지 말고 한 송이 한 송이를 하나의 생명체로 인식하면서 완성된 조형물로 보고 이해하는 것이 중요하다.

그러므로 이미 완성된 꽃과 식물을 사용하여 독자적인 창작품을 만들어내고자 할 때는 깊은 지식과 기술 그리고 숙련된 재능이 필요하다.

그러므로 얼굴과 자태뿐 아니라 꽃과 줄기의 움직임, 잎사귀가 붙어있는 상태, 성질의 양상, 재질감 그리고 색채들을 관찰하여 그 특징을 살린 상태에서 취급하는 것이 중요하다.

종래의 Western Design Style은 꽃의 형태에 따라 Line, Mass, Form, Filler로 분류하고 있다. 이들은 꽃의 형태에 따라서 기하학적이거나 면을 구성할 수도 있고 입체적으로 구성할 수가 있는 반면에 European Design Style은 꽃과 식물의 개성, 특징, 자라는 형태를 세밀히 관찰하고 이해한 후에 이러한 요소를 잘 살려서 눈에 안 보이는 감정까지 표현되어야함이 요구된다. 즉 디자인하는 관점에서 차이를 두고 있다고 생각된다.

European Design Style의 작품을 구성하고자 할 때는 기본이념에 따라 몇 가지 이론적인 뒷받침이 따른다.

2. 형태론

어떤 것에 형태가 주어진다는 의미로써 개개의 요소들이 잘 정돈되어 하나의 새로운 전체, 즉 집합적인 모습으로 만들어지는 동안에 형태가 만들어진다.

우리가 꽃과 식물을 사용하여 무엇을 만들어 내고자 할 때는 자연의 법칙에 따른 질서에 맞도록 표현되어져야 한다. 이러한 작업을 효과적으로 만들어 내고자 할 때는 충분한 이론적 토대가 뒷받침 되어져야 하고 이것을 우리는 일반 형태론과 특별 형태론으로 구분한다.

일반 형태론

(1) 질서의 종류

자연을 관찰하면 우리는 두 종류의 질서가 있다는 것을 알게 된다. 즉 대칭적 질서와 비대칭적 질서이다.

대칭과 비대칭의 비교도표

	대칭	비대칭
본질	엄격한, 장엄한, 꾸민 듯한, 화려함 하나의 주모티브 또는 그룹들	자유분방한, 꾸밈없는 자연스러움 하나의 주모티브 또는 그룹들
개별요소	각각 두 개씩 동일한 서너 개의 작은 모티브 또는 그룹	하나의 역모티브 또는 역그룹 하나 또는 서너 개의 부모티브 또는 그룹
질서	절대적 대칭, 거울반사형 주모티브는 정중앙에 위치 작은 모티브는 양옆으로 동일한 간격, 동일한 높이	기하학적 관계로부터 해방 주모티브는 약간 옆으로 이동 작은 모티브들이 어울려 시각적 균형미 강조

대칭 질서

거울에 비친 것처럼 대칭축을 중심으로 양쪽이 같은 것을 말한다. 중심축은 기하학적 중심에 있고 본질적인 특성은 엄격하고 명확하여 화려하다.

비대칭 질서

자유로운 질서를 말하며 긴장감을 준다. 중심축을 중심으로 양쪽이 같지 않아 흥미로우며 현대적인 디자인에 많이 이용되기 때문에 실습을 통해 시각적 균형을 이루는 연습이 필요하다.

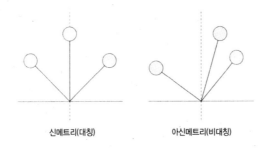

신메트리(대칭)　　　　　　아신메트리(비대칭)

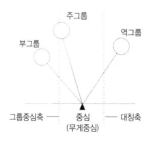

〈측면도〉

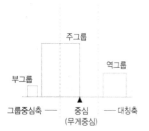

〈평면도〉

(2) 형태의 종류

장식적인 | Decorative

- 엄격한 질서를 유지하며 대칭적이다. 그러나 비대칭도 가능하다.
- 풍성하고 풍만하다.
- 스스로의 가치요구는 중요치 않다.
- 명확한 윤곽을 나타낸다.
- 색상, 비율, 경우(목적), 시각적 무게, 사용된 화기와 모양, 위치가 고려되어야 한다.

식물적인 | Vegetative

- 자유로운 질서를 유지하며 비대칭적이다. 그러나 대칭도 가능하다.
- 식물학적, 생태학적인 분야를 고려한다.
- 한 개의 생장점을 갖고 있으나 여러 개의 생장점도 가능하다.
- 꽃의 효과와 형태, 색상, 재질감, 화기 선택, 환경, 선들의 방향이 고려되어야 한다.

형태와 선적인 | Formal-Linear

- 자유로운 질서를 유지하며 비대칭적이다. 그러나 대칭도 가능하다.
- 형태와 운동성을 명확하게 연출한다.
- 최소한의 양으로 제한한다.
- 비율, 공간, 움직임, 화기, 선의 대조적 효과, 색의 대조적 효과, 시각적 중심점이 중요하다.

-두 개의 질서의 종류를 유지하며 대칭과 비대칭 모두 가능하다.
-충만한 형태 또는 작품소재를 최소한으로 줄여서도 사용된다.
-평행은 수평, 수직, 대각선의 종류가 있다.
-공간이 꽉 찬 부분이 동시에 존재하며 각각의 배치, 각각의 고유한 자세, 다양한 재료를 사용한다.
-비율과 선의 방향, 재질이 고려되어야 한다.

(3) 배열

일반 형태론에는 두 가지 배열의 개념이 있다. 즉 단순 배열과 율동적 배열이 그것이다.
이들은 평면장식(내부, 외부)이나 무대 장식, 즉 무대 앞쪽이나 가장자리 장식에 이용된다. 또 다른 하나는 공간적 배열이 있다. 이것은 시각적으로 하나의 통일성을 주는 동일한 형태를 공간을 이용하여 조화있게 배열하는 것을 뜻한다. 즉 높고 낮음의 차이를 두고 공간을 입체적으로 형성하는 것을 말한다.

종류로는
① 동일한 간격의 배열   ② 조화로운 공간 배열
③ 기준없이 자유로운 공간 배열이 있다.

(4) 초점과 생장점

초점, 생장점 모두 꽃을 꽂을 때에는 그릇(화기)이 기반이 된다. 꽃의 모든 줄기가 한점으로부터 나올 것. 꽃의 각각의 줄기가 독립한 기점부터 나와 있는 것의 두 갈래가 있다. 이 기점을 초점 또는 생장점이라 말한다. 자연에 속한 작품일 때 하나 또는 복수의 생장점이라 말한다. 자연에 속하지 않은 작품에서는 하나 또는 복수의 초점 혹은 무초점이라고 한다.

일초점

모든 식물 소재의 줄기가 한점에 집중하는 기점을 의미한다.
주로 방사상에 배치하는 작품이다.
어레인지먼트의 경우는 화기의 가운데 혹은 흡수폼의 가운데가 된다.
화기보다 아래에 상상상의 초점으로 하여 존재하는 수도 있다. 스파이
랄에 묶는 꽃묶음(꽃다발)의 경우 다발의 포인트 초점으로 된다.

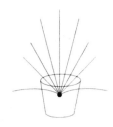

일생장점

튤립과 히야신스와 같은 구근류에서는 기점은 화기가 아니고 구근에 있다. 이런 경우 특히 식물의 생태학상의 의미를 넣어 생장점이라 부르고 있다.

어레인지먼트에 있어서 모든 줄기가 한점에 집중하는 자연에 속하는 조형의 경우에 일생장점에 집중하는 자연에 속하는 조형의 경우에 일생장점이라고 한다. 보통 화기중에 존재하나 조형에 따라서는 화기보다 훨씬 아래에 상상상의 생장점으로서 존재할 수도 있다. 작품은 주로 방사상으로 배치하는 것이다.

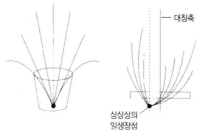

복수초점

각각의 식물소재의 줄기가 독자의 기점을 가지고 있는 조형의 경우를 복수초점이라 한다.
병행, 교차, 스파이랄의 배치가 해당된다.

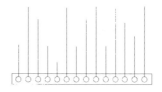

복수생장점

자연에 속하는 조형으로 각각의 식물소재의 줄기가 독자의 기점을 가지는 경우에서는 자연으로 보이는 식물 생장의 모양에서 생각되었다. 병행, 교차, 스파이랄 등의 배치가 해당된다.

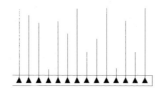

무초점

초점과 생장점의 개념이 없이 형성되는 디자인

(5) 그룹

일반 형태론에서 그룹은 중요한 역할을 한다. 이 그룹은 엄격한 그룹과 자유로운 그룹으로 구분된다.

엄격한 그룹

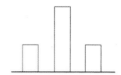

- 중심점을 갖고 있는 것, 동일성을 지닌 대칭형이다.
- 주모티브와 부모티브로 구분된다.
- 주모티브는 지배적이고 가장 큰 부분이어야 한다.
- 기하학적 중심에 위치한다.
- 부모티브는 지배적이 아니고 항상 주모티브의 하위에 두게 된다.

자유로운 그룹

- 동일하지 않은 부분들이며 비대칭적이다.
- 중심점을 피하고 있다.
- 주그룹, 역그룹, 부그룹으로 구분된다.

- 주그룹 : 지배적이고 가장 강한 그룹이나 중심점에 있지 않다.
- 역그룹 : 두 번째 큰 그룹이며 주그룹에서 가장 멀리 떨어져 있다.
- 부그룹 : 가장 작은 그룹이며 주그룹 가까이에 있다.

(6) 배치

방사	Radial

한 점으로 부터 출발하여 사방으로 퍼져나가게 배치하는 방법

병행	Parallel

복수의 줄기가 같은 방향으로 나란히 배치하는 방법

| 교차 | Cross |

지표로부터 나온 줄기가 여러 방향으로 뻗어 교차하게 배치하는 방법

| 스파이랄 | Spiral |

굽이치는 모양으로 감아 표현하여 배치하는 방법

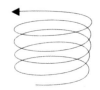 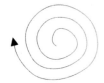

(7) 비율

조화로운 관계는 좋은 비율에서 나타난다. 비율이란 높이와 넓이 그리고 깊이 관계를 말한다.
따라서 비율에 영향을 주는 다양한 요소들이 존재한다.

| 꽃의 형태 | 섬세하고 가냘픈 꽃의 형태는 가벼워 보이므로 바깥쪽으로 배열될 수 있으나 무겁고 옆으로 퍼진 형태는 더 편안하게 모아지게 배열한다.

| 꽃의 색상 | 색상은 비율에 강력한 영향을 준다.
동일한 형태와 크기의 경우 밝은 꽃들은 어두운 색의 꽃보다 더 위에 배열한다. 그 이유는 어두운 색은 더 무겁게 느껴지기 때문이다.

| 용기의 형태 | 넓직한 형태의 용기는 좁고 가는 형태보다 더 견고하고 안정된 느낌을 주기 때문에 키가 큰 꽃들을 사용할 수 있다.

| 용기의 종류 | 용기의 재료도 비율효과에 영향을 준다.
투명한 유리그릇은 도자기로 만들어진 같은 크기의 용기보다 더 가벼워 보인다. 이러한 모든 요소들은 시각적 효과에 영향을 준다. 그러므로 시각적 감각의 훈련도 중요하다.

황금분할

황금분할은 a : b = b : (a = b)가 되는 것 같은 비율을 가리킨다.

비율은 1 : 1.618··· 로 되지만 일상 쓰는 정수로 고치면 55 : 89로 된다. 이 숫자를 잊지 않게 기억해 두자.

이것은 어느 길이를 2로 나누어 짧은 쪽과 긴쪽의 비율이 긴쪽의 길이와 전체의 길이의 비율이 같을 때의 관계에 있을 때 아름다운 비율로서 사용된다.

• 황금비

a = 1	b = 1.618···
55	89

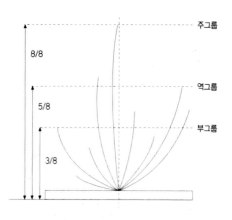

Western Style

서구적 스타일

수직형 | VERTICAL FORM

플라워 디자인의 기본형 가운데서 가장 단순한 수직형의 구성은 리듬이나 악센트를 강조하는데 어려움이 있다. 수직형은 모든 화형의 기본이 되는 형으로 꽃의 배치 또한 모든 화형의 기본이 된다. 되도록이면 수직적인 꽃이나 소재를 사용하도록 한다. 수직을 강조하는 형으로 생명력 넘치는 생동감을 주며 보는 이로 하여금 활동적인 즐거움을 주는 형이다.

| 소재 |

해바라기 *Helianthus annuus*
아게라텀 *Ageratum houstonianum*
루모라 고사리 *Rumohra adiantiformis*
불두화 *Viburnum sargentii*

꽂는 순서

① 글라디올러스로 A라인을 꽂고 네프로네피스로 B, C, C′를 꽂고 나리로 P를 꽂는다.
② 네프로네피스로 아웃라인을 꽂는다.
③ 장미를 중심꽃으로 꽂는다.
④ 공작초를 보충꽃으로 꽂아 마무리한다.

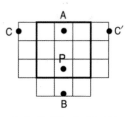

A=1 B=A/3 C=C′=A/4

| 소재 |

글라디올러스 *Gladiolus gandavensis*
오리엔탈나리 *Lilium Oriental Hybrids*
장미 *Rosa spp.*
네프로네피스 *Nephrolepis exaltata*
공작초 *Aster spp.*

L자형 | L - F O R M

수직적인 소재와 꽃을 사용할 수 있고 우아한 곡선의 아름다움을 표현하여 꽂을 수 있다.
나란히 좌우 서로의 반대모양을 꽂아 실내분위기를 살려줄 수 있다.

| 소재 |
투구꽃 *Aconitum jaluense*
스틸글라스 *Steel glass*
맨드라미(인디안) *Celosia caracas*
리시안서스 *Eustoma grandiflorum*
장미 *Rosa spp.*
아스파라가스 *Asparagus officinalis*
층꽃나무 *Caryopteris incana*
쏠리다고 *Solidago 'strahlenkrone'*
필로덴드론 제나두 *Philodendron cv. Xanadu*

꽃는 순서

① 말채나무로 라인구성을 하고 나리로 포컬포인트를 꽂는다.
② 네프로네피스와 루모라 고사리로 베이스 처리를 한다.
③ 나리 봉우리와 소국으로 양감을 준다.
④ 쏠리다스터로 마무리한다.

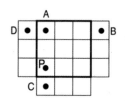

A=1 B=A/2 C=A/3 D=A/4

| 소재 |
말채나무 *Cornus alba*
오리엔탈나리 *Lilium oriental*
소국 *Chrysanthemum morifolium*
쏠리다스터 *Solidaster luteus*
루모라 고사리 *Rumohra adiantiformis*
네프로네피스 *Nephrolepis exaltata*

역T자형 | I N V E R T E D   T - F O R M

알파벳의 T자를 역으로 구성한 형으로 삼각형의 구성과 유사한 점이 많으므로
꽃을 꽂을 때 세심한 주의가 필요하다.
역T자형은 수직형 세 개를 모은 형태로 수직형과 수평형의 혼합형으로 장소와
사용목적에 따라 여러형으로 변화시켜 꽂을 수 있다.

| 소재 |

유칼리톱스 *Eucalyptus cinerea*
장미 *Rosa spp.*
층꽃나무 *Caryopteris incana*
맨드라미(인디안) *Celosia caracas*
아프리칸 매리골드 *Tagetes electa*
안수륨 *Anthurium andraeanum*
호엽란잎 *Aspodistra elatior*
루모라 고사리 *Rumohra adiantiformis*

꽂는 순서

① 스톡과 마디초로 A, B, B′라인을 구성한다. 나리로 포컬포인트로 꽂는다.
② 네프로네피스를 외곽라인과 베이스 처리한다.
③ 장미를 꽂는다.
④ 소국은 필러플라워로 마무리한다.

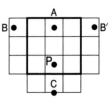

A=1 B=B′=A/2 C=A/4

| 소재 |

마디초 *Polygonum aviculare L.*
장미 *Rosa spp.*
스톡 *Matthiola incana*
오리엔탈나리 *Lilium Oriental Hybrids*
장미 *Rosa spp.*
소국 *Chrysanthemum morifolium*
네프로네피스 *Nephrolepis exaltata*

V자형 | V - F O R M

여러 화형과 잘 어울려 혼합형으로 많이 사용되며 수직적인 소재를 사용하는 것이 좋다.
수직형 두개가 양옆으로 기울여 꽂아진 모습이며, 포인트를 꽂을 때는 뭉치(Mass)로
꽂는 것도 효과적이다.
같은 계열의 색과 소재끼리 모이도록 꽂아주면 더욱 안정감을 준다.

| 소재 |
맨드라미(인디안) *Celosia caracas*
리시안서스 *Eustoma grandiflorum*
백정화 *Serissa foetida*
곱슬버들 *Salix matsudana*

꽂는 순서
① 잎새란과 아이리스로 라인을 구성한다.
② 장미를 꽂는다.
③ 루모라 고사리와 네프로네피스로 그린 처리를 한다.
④ 소국과 보리를 꽂아 마무리한다.

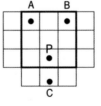

| 소재 |
신서란(잎새란) *Phormium tenax*
아이리스 *Iris hollandica*
장미 *Rosa spp.*
소국 *Chrysanthemum morifolium*
네프로네피스 *Nephrolepis exaltata*
루모라 고사리 *Rumohra adiantiformis*

대각선형 | DIAGONAL FORM

수직형 두 개를 중심으로 마름모꼴과 같은 모양이다. 대각선이 만드는 마름모꼴 안에 꽂아 가는 것으로 윤곽의 도형적인 경직성을 망가트리지 않는 범위 안에서 대범하게 소재를 배치하고 악센트가 되는 꽃도 서로 교차하듯 꽂으면 된다.
또 유연하고 경쾌한 마름모의 흐르는 듯한 선을 거실이나 제단 장식으로 잘 이용되는 화형으로 여러 가지 화형과 혼합하여 꽂을 때도 잘 어울린다.

| 소재 |
마가목 *Sorbus commixta*
거베라 *Gerbera hybrida*
노박덩굴 *Celastrus orbiculatus*
아스파라가스 *Asparagus officinalis*

꽂는 순서

① 신서란(A)를 뒤로 50~60° 누은듯 사선으로 꽂는다.
② 신서란(B)를 (A)와 일직선이 되도록 대각선상에서 밑으로 흐르듯 꽂는다.
③ 신서란(C, C′)을 서로 대칭이 되는 위치에 꽂는다.
④ 나리(P) 앞쪽으로 45° 정도 기울여 꽂는다.
⑤ 장미와 스톡, 편백으로 마무리한다.

A=1 B=A/2 C=C′=A/4

| 소재 |
신서란(잎새란) *Phormium tenax*
장미 *Rosa spp.*
오리엔탈나리 *Lilium Oriental Hybrids*
스톡 *Matthiola incana*
편백 *Chamaecyparis obtusa*
측백 *Thuja orientalis*

초승달형 | CRESCENT FORM

둥근형에서 부드럽게 구부러진 선은 아름답다.
시계로 말하면 A와 B가 끝점이 12시(A) 4시(B) 위치에 두면 편안한 모양을 낼 수 있다.
선이 유연한 소재를 선택해야 하며 높은 화기나 콤포트를 사용하는 것이 좋다.

| 소재 |
천리향 *Daphne odora*
오리엔탈나리 *Lilium Oriental Hybrids*
장미 *Rosa spp.*

꽃는 순서

① 버들로 A와 B 라인을 구성하고 금잔화로 포컬포인트를 꽂는다.
② 루모라 고사리와 스마일락스로 베이스 처리한다.
③ 금잔화는 초생달 라인에 맞추어 꽂는다.
④ 프리지어로 보충하고 마무리한다.

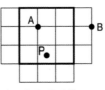

A=1 B=A/2

| 소재 |
버들 *Salix matsudana*
금잔화 *Calendula officinalis L.*
프리지어 *Freesia hybrida*
루모라 고사리 *Rumohra adiantiformis*
스마일락스 *Asparagus asparagoides L.*

S자형 | S-CURVE

가급적 곡선적인 소재로 콤포트를 사용하는 것이 좋다.
S커브의 전개는 아주 다양한 형태를 이루지만 S모양은 옆으로 뉘어 수평의 느낌이 들도록 꽂을 수도 있고 곧게 세워 수직의 느낌이 들도록 꽂을 수도 있다.
소재는 곡선을 만들기에 적합한 소재로 자연선을 이용하는 것이 좋다.
호가스라인이라고도 불리운다.

| 소재 |
다래덩굴 *Actinidia arguta*
노박덩굴 *Celastrus orbiculatus*
안수륨 *Anthurium andraeanum*
쏠리다고 *Solidago 'strahlenkrone'*
아프리칸 매리골드 *Tagetes electa*

꽂는 순서

① 버들과 청엽란으로 S라인을 구성하고 장미로 포컬포인트를 꽂는다.
② 네프로네피스와 루모라 고사리로 밑받침 처리를 한다.
③ 장미를 S선을 따라 조심스레 꽂는다.
④ 소국으로 깊이감을 주어 완성한다.

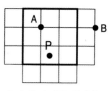

A=1 B=A, 2/3 P=A/3

| 소재 |
버들 *Salix*
장미 *Rosa spp.*
소국 *Chrysanthemum morifolium*
청엽란 *Aspidistra elatior blume*
네프로네피스 *Nephrolepis exaltata*
루모라 고사리 *Rumohra adiantiformis*

원형 | R O U N D   F O R M

15세기 경에 유럽사람들이 즐겨 꽂았던 고전적인 화형으로 완전한 원형은 점을 확대시킨것과 같다.

원형은 사람의 시선을 원안으로 끌어들여 물이 자연스럽게 순환하는 듯한 이미지를 주게 한다.

| 소재 |
금사철 *Euonymus japonicus*
안수륨 *Anthurium andraeanum*

꽂는 순서

① 장미를 원형으로 외곽구성을 한다.
② 장미로 P를 꽂고 라인 사이 사이에 중심꽃으로 꽂는다.
③ 리시안서스, 부바르디아로 볼륨감을 준다.
④ 쏠리다고로 마무리한다.

A^2 A A^3

P

A^1 $A \sim A^3 = 1$

| 소재 |
장미 *Rosa spp.*
부바르디아 *Bouvardia longiflora*
쏠리다고 *Solidago 'strahlenkrone'*
유칼리톱스 *Eucalyptus cinerea*
리시안서스 *Eustoma grandiflorum*

타원형 | OVAL FORM

- 고전적인 기하학형태를 바탕으로 한 조형형태이다.
- 부드러운 윤곽의 대칭형을 구성한다.
- 움직임이 있는 줄기나 가지의 소재를 선택한다.
- 종장이나 횡장으로 꽂을 수 있다.

| 소재 |
알로카시아 *Alocasia spp.*
아프리칸 매리골드 *Tagetes electa*
장미 *Rosa spp.*
오리엔탈나리 *Lilium Oriental Hybrids*
호엽란잎 *Aspodistra elatior*
층꽃나무 *Caryopteris incana*
달리아 *Dahlia hybrida*
부바르디아 *Bouvardia longiflora*
리시안서스 *Eustoma grandiflorum*
스파티필룸 *Spathiphyllum spp.*

꽂는 순서
① 스톡으로 라인구성을 하고 해바라기로 포컬포인트를 꽂는다.
② 네프로네피스와 루모라 고사리를 베이스 처리한다.
③ 거베라를 꽂는다.
④ 천일홍과 밀을 꽂아 마무리한다.

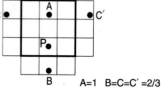

A=1 B=C=C´ =2/3

| 소재 |
스톡 *Matthiola incana*
해바라기 *Helianthus annuus*
거베라 *Gerbera hybrida*
천일홍 *Gomphrena globosa*
네프로네피스 *Nephrolepis exaltata*
루모라 고사리 *Rumohra adiantiformis*

부채형 | FAN FORM

손님을 맞이하는 현관이나 벽을 배경으로 하는 테이블 뒤 중앙에 장식하면 한층 돋보이는 작품으로 제단의 장식이나 화환용으로 좋으며 유사색 계열이나 여러 가지 색을 이용하여 화려하고 환상적인 작품을 만들기도 한다.

| 소재 |
리시안서스 *Eustoma grandiflorum*
덴파레 *Dendrobium phalaenopsis*
아게라텀 *Ageratum houstonianum*
안수륨 *Anthurium andraeanum*
측백 *Thuja orientalis*

꽂는 순서

① 글라디올러스는 같은 길이로 (A, B, B')
부채살 모양이 되도록 꽂는다.
② 네프로네피스(C)를 꽂는다.
③ 나리(P)를 꽂는다.
④ 거베라, 카네이션, 네프로네피스로 마무리한다.

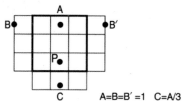

A=B=B' =1 C=A/3

| 소재 |
글라디올러스 *Gladiolus gandavensis*
거베라 *Gerbera hybrida*
오리엔탈나리 *Lilium Oriental Hybrids*
카네이션 *Dianthus caryophyllus*
쏠리다고 *Solidago 'strahlenkrone'*
쏠리다스터 *Solidaster luteus*
네프로네피스 *Neprolepis exalata*

삼각형 | T R I A N G U L A R   F O R M

삼각형의 화형에는 대칭형(Symmetrical)과 비대칭형(Asymmetical)이 있다.
여러 장소에서 흔하게 쓸 수 있는 화형이며 모양도 다양하게 바꿀 수 있다.
안정감있는 기하학적인 작품이다.

| 소재 |
신서란(잎새란) *Phormium tenax*
리시안서스 *Eustoma russellianum*
오리엔탈나리 *Lilium Oriental Hybrids*
나나골드 *Thuja orientalis*

꽂는 순서

① 리아트리스(A와 B, B′)를 꽂는다.
② 거베라(P)를 꽂는다.
③ 유칼리툽스를 꽂아 마무리한다.

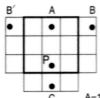

A=1 B, B′=A/2 C=A/3

| 소재 |
리아트리스 *Liatris spicata*
장미 *Rosa spp.*
거베라 *Gerbera hybrida*
보스톤 고사리 *Nephrolepis exalata*
스타티스 *Limonium sinuatum*
유칼리툽스 *Eucalyptus cinerea*
루모라 고사리 *Rumohra adiantiformis*

사각형 | S Q U A R E   F O R M

직사각형이나 정사각형의 모형으로 벽면을 뒤로 한 일방화이다.
초점을 꽂을 때 뭉치를 사용하여도 효과적이다.

| 소재 |

화초토마토 *Solanum integrifolium*
해바라기 *Helianthus annuus*
곱슬버들 *Salix matsudana*
편백 *Chamaecyparis obtusa*
쿠페아 *Cuphea hyssopifolia*

꽂는 순서

① 등꽃으로 (A, A′, B, B′)를 꽂는다.
② 오리엔탈 나리로 (P)를 꽂는다.
③ 과꽃과 편백으로 마무리한다.

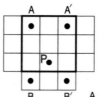

A, A′ =1   B, B′ =2/3

| 소재 |

아부틸론 *Abutilon hybridum*
오리엔탈나리 *Lilium Oriental Hybrids*
과꽃 *Callistephus chinensis*
편백 *Chamaecyparis obtusa*

구형 | BALL FORM

공간장식 모빌(Mobile)로 활용할 수 있는 작품으로 어디서 보아도 같은 모양이다.

| 소재 |
대나무 *Phyllostachys bamusoides*
장미 *Rosa spp.*
아프리칸 메리골드 *Tagetes electa*
호엽란잎 *Aspodistra elatior*
층꽃나무 *Caryopteris incana*

꽃는 순서
① 프로랄폼을 고정시킨다.
② 사방에 아프리칸 메리골드를 꽃는다.
③ 카네이션과 천일홍으로 마무리한다.

| 소재 |
소국 *Chrysanthemum morifolium*
천일홍 *Gomphrena globosa*
맨드라미 *Celosia cristata*
과꽃 *Callistephus chinensis*
카네이션 *Dianthus caryophyllus*
아프리칸 메리골드 *Tagetes electa*

반구형 | DOME FORM

반구형은 어느 각도에서 보아도 아름답게 보이도록 꽂아야 한다.
높이와 길이가 같아야 하며 공을 반으로 잘라 놓은 모양이다.
얼굴이 큰꽃이 디자인하기에 좋으며 선물용 소품으로 많이 쓰인다.

| 소재 |
대나무 *Pbyllostachys bamusoides*
장미 *Rosa spp.*
스톡 *Matthiola incana*
큰꿩의 비름(불로초) *Sedum spectabile*

꽂는 순서

① 장미(P)를 중심에 0°로 꽂아준다.
② 장미(A, A´, B, B´, C, C´, D, D´)를 같은 길이로 꽂는다.
③ 리시안서스와 유칼리툽스를 꽂아 마무리한다.

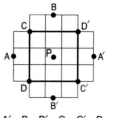

$$A = A´ = B = B´ = C = C´ = D = D´$$

| 소재 |
장미 *Rosa spp.*
리시안서스 *Eustoma grandiflorum*
유칼리툽스 *Eucalyptus cinerea*

원추형 | C O N E F O R M

- 고전적인 기하학형태를 바탕으로 한다.
- 작은 꽃의 집합도 선에 따라서 완만한 흐름으로 구성한다.
- 전체가 높이 상승하는 것 같이 표현한다.
- 작품의 폭 : 높이 = 3 : 8 이상의 비율로 한다.
- 가볍게 율동감이 있게 꽂는다.
- 소재의 움직임을 살려 자연스럽게 완성한다.

| 소재 |
수양버들 *Salix babylonica*
거베라 *Gerbera hybrida*
톱풀 *Achillea spp.*
아게라텀 *Ageratum houstonianum*
라벤더 *Lavandula spp.*
불두화 *Viburnum sargentii*
스톡 *Matthiola incana*
산꿩의 다리(백야) *Thalictrum actaefolium*
층꽃나무 *Caryopteris incana*
아프리칸 메리골드 *Tagetes electa*

꽂는 순서

① 편백으로 기본을 구성한다.
② 핑크장미를 아래부터 꽂아 나간다.
③ 빨간장미도 곁들여 꽂는다.
④ 연보라 공작초를 꽂아 마무리한다.

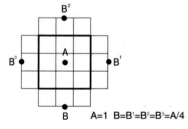

$A=1$ $B=B^1=B^2=B^3=A/4$

| 소재 |
장미 *Rosa spp.*
공작초 *Aster spp.*
편백 *Chamaecyparis obtusa*

입체 수평형 | HORIZONTAL FORM

낮고 납작하고 평온한 작품으로 약혼식이나 회갑 등 피로연 장소나 화려한 파티의 테이블을 장식한다.
테이블 모퉁이나 한쪽 벽면을 이용한 편면 수평형과 입체 수평형, 곡선 수평형이 있다.

| 소재 |
대나무 *Phyllostachys bamusoides*
안수륨 *Anthurium andraeanum*
수국 *Hydrangea macrophylla*

꽂는 순서

① 맨드라미(A, A′)를 양쪽 폭을 정해 꽂는다.
② 장미(P)로 높이를 꽂는다.
③ 장미(B, B′)를 꽂는다.
④ 스톡, 나리, 부바르디아, 유칼리톱스로 마무리한다.

A=A′=1 B=B′=P=1/2

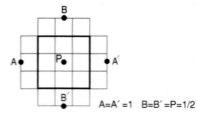

| 소재 |

유칼리톱스 *Eucalyptus cinerea*   스톡 *Matthiola incana*
부바르디아 *Bouvardia longiflora*   맨드라미 *Celosia cristata*
장미 *Rosa spp.*   오리엔탈나리 *Lilium Oriental Hybrids*

꽃다발형 | S P R A Y   F O R M

꽃다발형은 줄기 등 자연적인 소재를 소량으로 효과적으로 장식할 수 있는 화형으로 내추럴 부케(natural bouquet) 형태를 이루는 형으로 잘라낸 줄기를 다시 이용하여 자연스럽게 꽂고 리본을 곁들이는 화려한 화형이다.

| 소재 |
유칼리툽스 *Eucalyptus cinerea*
리시안서스 *Eustoma grandiflorum*
맨드라미 *Celosia cristata*
네피로네피스 *Neprolepis exalata*
쏠리다스터 *Solidaster luteus*
비단향 *Juniperus chinensis*
스톡 *Matthiola incana*

꽂는 순서
① 여왕야자와 카네이션으로(A, B, B′)를 꽂는다.
② 거베라(P)를 꽂는다.
③ 화초고추, 쏠리다스터, 카네이션, 거베라를 형태에 맞게 꽂는다.
④ 잘라낸 줄기(C)를 다시 이용하여 꽂을 때 자연스러운 느낌이 들도록 위로 들리거나 아래로 너무 처지지 않게 꽂고 리본을 매어 꽂아 마무리한다.

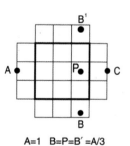

A=1 B=P=B′ =A/3

| 소재 |
왁스플라워 *Chamelaucium uncinatum*
여왕야자 *Curculigo capitulata*
화초고추 *Solanum integrifolium*
카네이션 *Dianthus caryophyllus*
쏠리다스터 *Solidaster luteus*
네피로네피스 *Neprolepis exalata*

피라밋형 | P Y R A M I D F O R M

삼각추 구성의 화형으로 기본적인 3개의 L자형을 120°간격으로 등을 맞대고 있는 느낌
이다. 피라밋형에서는 길이를 높게 하여 샤프한 선을 살려 화형 전체의 아름다운 모습이
되도록 하며 3면 모두 어느 쪽에서 보아도 입체감이 있는 피라밋이 되도록 꽂아야 한다.
화기는 30cm이상 되는 슬림(Slim)형의 화기가 어울린다.

| 소재 |
거베라 *Gerbera hybrida*
쏠리다고 *Solidago 'strahlenkrone'*
소국 *Chrysanthemum morifolium*
유칼리툽스 *Eucalyptus cinerea*
땅고추(화초 토마토) *Solanum integrifolium*

꽃는 순서
① 말채나무와 네프로네피스로 기본 구성을 한다.
② 아이리스를 선에 의해 꽂고 편백으로 프로랄폼을 가린다.
③ 나리를 꽂는다.
④ 쏠리다스터를 더 꽂아 마무리한다.

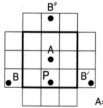

A=1 B =B´ =B″ =A/3

| 소재 |
말채나무 *Cornus alba*
아이리스 *Iris hollandica*
오리엔탈나리 *Lilium Oriental Hybrids*
쏠리다스터 *Solidaster luteus*
네프로네피스 *Nephrolepis exaltata*
편백 *Chamaecyparis obtusa*

토피어리볼형 | TOPIARY BALL FORM

| 소재 |
장미 *Rosa spp.*
너도밤나무 *Fagus japonicus*
맨드라미 *Celosia cristata*
유칼리톱스 *Eucalyptus cinerea*
거베라 *Gerbera hybrida*
아스파라가스 푸루모서스 *Asparagus plumosus*

웨스턴 복합 | C O M B I N A T I O N

수직 + S자형

| 소재 |
말채나무 *Cornus alba*
달리아 *Dahlia hybrida*
테이블야자 *Collinia elegans*

L자형 + 스프레이

| 소재 |

글라디올러스 *Gladiolus gandavensis*
소국 *Chrysanthemum morifolium*
편백 *Chamaecyparis obtusa*

부채형 + S자형

| 소재 |

공작초 *Aster spp.*
아게라텀 *Ageratum houstonianum*
거베라 *Gerbera hybrida*
은엽아카시아 *Acacia baileyana*

| 소재 |
장미 *Rosa spp.*
스프레이 카네이션 *Dianthus hybrida*
공작초 *Aster spp.*
소국 *Chrysanthemum morifolium*
나나골드 *Thuja orientalis*

밀드프루어 스타일 | MILLE DE FLEUR STYLE

| 소재 |

글라디올러스 *Gladiolus gandavensis*
아이리스 *Iris hollandica*
스톡 *Matthiola incana*
오리엔탈나리 *Lilium Oriental Hybrids*
거베라 *Gerbera hybrida*
해바라기 *Helianthus annuus*

장미 *Rosa spp.*
공작초 *Aster spp.*
쏠리다스터 *Solidastar luteus*
네프로네피스 *Nephrolepis exaltata*
루모라 고사리 *Rumohra adiantiformis*

폭포수 스타일 | WATERFALL STYLE

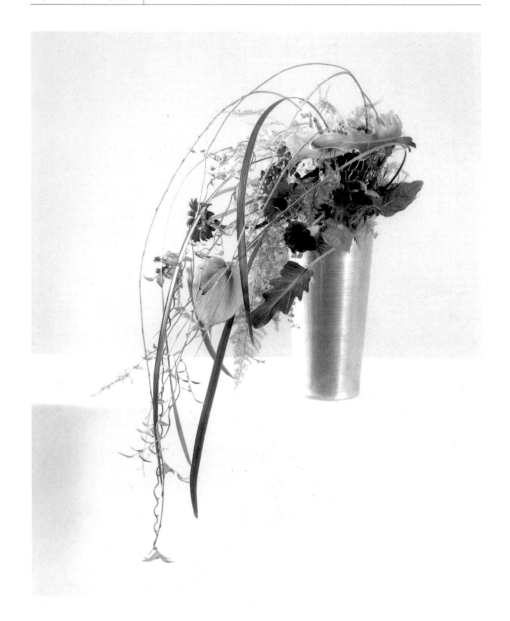

| 소재 |

호엽난잎 *Aspidistra elatior*
안수륨 *Anthurium andraeanum*
장미 *Rosa spp.*
거베라 *Gerbera hybrida*
스마일락스 *Asparagus asparagoides*

아스파라가스 푸루모서스 *Asparagus plumosus*
마가목 *Sorbus commixta*
곱슬버들 *Salix matsudana*
필로덴드론 제나두 *Philodendron cv. Xanadu*

휘닉스 스타일 | P H O E N I X S T Y L E

| 소재 |

카네이션 *Dianthus caryophyllus*
리시안서스 *Eustoma grandiflorum*
쏠리다고 *Solidago 'strahlenkrone'*
아디안텀 *Adiantum caudatum*

미리오글라두스 *Asparagus myriocladus*
풍선초 *Cardiospermum halicacabum*
아레카야자 *Chrysalidocarpus lutescens*

쉘터드 스타일 | SHELTERED

| 소재 |

총꽃나무 *Caryopteris incana*
장미 *Rosa spp.*
좀작살나무 *Callicarpa dichotoma*
불두화 *Viburnum sargentii*
필로덴드론 제나두 *Philodendron cv. Xanadu*

아스파라가스 푸루모서스 *Asparagus plumosus*
안수룸 *Anthurium andraeanum*
유카덴드룸 *Leucadendron inca gold*
리시안서스 *Eustoma grandiflorum*

| 소재 |

글라디올러스 *Gladiolus gandavensis*

오리엔탈나리 *Lilium Oriental Hybrids*

스톡 *Matthiola incana*

용담 *Gentiana spp.*

스프레이 카네이션 *Dianthus hybrida*

쿠르쿨리고 *Curculigo capitulata*

보스톤 고사리 *Nephrolepis exalata*

필로덴드론 제나두 *Philodendron cv. Xanadu*

| 소재 |

마디초(속새) *Equisetum hyemale*   아이비 *Hedera helix*
안수륨 *Anthurium andraeanum*   장미 *Rosa spp.*
리아트리스 *Liatris spicata*   나나골드 *Thuja orientalis*
거베라 *Gerbera hybrida*   루스커스 *Ruscus spp.*
마가목 *Sorbus commixta*   루카덴드론 *Leucadendron spp.*

Design Techniques

테 크 닉

용 어 설 명

Floral Design에 있어서 Technique은 모든 과정의 방법이고 또한 디자이너에게는 디자인 속에서 재료를 사용하여 예술적으로 승화시키는 기본적인 기술이라 할 수 있다.
Technique은 바로 완성된 작품의 기법이고 기본적 자세인 것이다.
기본적 법칙과 잘 알려진 여러 구성 요소를 창조적 정신의 디자이너가 다양한 테크닉을 통해 더욱 그 가치를 끌어올릴 수 있게 된다.

Banding
특별한 부분에 관심을 끌기 위해 간단하고 연속적인 링 모양으로 어떤 재료를 장식적으로 둘러싸는 기법

Basing
작품의 아래부분을 복잡하고 질감이 풍부하게 마무리하는 테크닉. 장식적인 표면이 특징

Binding
Binding은 끈으로 함께 묶는 기법이다. 사람이나 사물을 묶는 행위 자체를 말한다. Binding은 사실상 Floral Design에 여러 가지 재료를 함께 묶는 과정이기도 하다.
이 기법은 디자인의 강화 또는 안정성을 위해 쓰여졌으며 두 개 이상의 재료를 하나로 만들게 한다. 꽃이나 줄기 또는 용기와 같은 가지각색의 재료를 장식적인 목적으로 묶는 Banding과 함께 사용해서 안정감을 줄 수 있다.

Braiding
Braiding이란 세 가지 또는 그 이상의 아이템을 머리 땋듯이 가닥을 나누어 땋는 기법으로 꽃줄기나 가지, 리본 또는 유연한 재료를 사용할 수 있다.
프로랄디자인에서는 여러 방법으로 사용된다. 꽃의 줄기를 다른 시각적 흥미를 높이기 위해 함께 땋아 사용할 수 있고 직선적 줄기를 좀 더 독특하고 연출적인 곡선을 만들며 리본 등을 함께 엮어서 많은 질감과 색조를 강조할 수 있다.

Bunching

Bunching은 함께 연결된 것처럼 함께 그룹을 짓거나 묶인 소재들을 모으거나 함께 연결된 것으로 보이게 하는 것을 말한다. 번칭은 여러 소재를 모아서 얻어진다. 철사나 끈으로 여러 재료들을 함께 모으는 것을 말한다.

Bundling

유사한 재료를 단단하게 묶는 것. 바인딩 포인트 아래 혹은 위로 나오는 재료는 바인팅 포인트를 중심으로 줄기가 아래 위로 방사선 모양을 하게 된다. (예) 볏단, 밀단

Clustering

작고 질감이 풍부한 꽃(때로는 한 가지 종류의 잎을 같이 사용하기도 한다)을 한데 모으는 것. 각각의 구성성분이 전체와 구별이 되지 않도록 한다.(각각의 구성성분이 자체의 독립성을 가지게 되는 grouping과는 대조적이다.

Collaring

완성된 느낌을 들게 하기 위해 잎이나 다른 장식 재료를 이용해 꽃이나 부케 혹은 화기의 가장자리를 돌려주는 것

Floating

수면에 띄우는 테크닉(물옥잠화, 꽃잎 등)

Framing

Framing 기법은 어떤 특정 부분을 부각하고 시선을 끌기 위한 기법이다.
그림에서도 그림을 싸고 있는 프레임(액자)은 그림에 초점을 두고 그림을 더욱 부각시키고 있듯이 이 기법으로 어떤 특정 부분을 부각하거나 강조할 수가 있다.
나뭇가지나 꽃들을 사용하기 쉽게 묶거나 하여 외곽에 배치하거나 어떤 특정 부분을 액자처럼 프레이밍을 하여 강조를 하게 된다.

Grouping

Grouping은 많은 소재들을 함께 모아 놓거나 분류해 놓은 것으로 Floral Design에서 이 기법은
여러 종류의 소재들을 각각 그룹으로 모아 구별되게 공간이 있게 배치하는 스타일로 색상, 모양,
비슷한 소재들의 결합 등을 강조할 수 있다. 서로 비슷한 꽃들을 색상 또는 모양을 함께 모아서
더 큰 집단을 만들게 된다. 언제든지 작품 속에 다른 그룹을 추가하여 더욱 시선을 집중시키고
강한 이미지를 줄 수 있다.
이 기법은 각각의 다양한 색상과 모양 질감 등으로 구분되는 소재들을 함께 모아 놓음으로 독특
한 특징을 강조할 수 있다.
Grouping에서는 Clustering 기법과는 다르게 독립적인 구성요소 각각을 시각적으로 부각시키
고 있는 점을 중요시 여긴다. 이 작품 속에는 각각의 구성요소들이 서로 넉넉한 공간을 갖고 있
어야 한다.

Layering

이 기법에서는 주로 납작한 소재를 용기의 아래서부터 한 겹 한 겹 공간없이 빽빽이 겹쳐 쌓는
것으로 같은 소재를 사용하며 각각의 개별적이었던 소재들이 크기와 깊이에 있어서 변화하며 새
롭게 재창조되는 것을 볼 수 있다.

Massaging

Massaging(매만지기)은 소재를 유연하게 만드는 기법으로 Floral Design에서는 직선으로 곧거
나 딱딱한 줄기나 가지를 문지르거나 주물러서 특정한 모양을 만들 수 있도록 부드럽고 유연하
게 만든다. 이 기법은 나뭇가지 등을 곡선으로 만들 때 자주 쓰인다.

Mirroring

디자인에서 같은 재료를 반복해서 사용할 때 하나가 다른 하나의 거울 이미지(똑같은 느낌이 들
도록 하는 것)를 나타내는 테크닉

Pave

Pave 용어는 보석 공예에서 쓰이던 말로 바닥면을 가능한 촘촘히 보석이나 돌로 박아놓은 Pave
기법에서 온 것으로 플로랄 디자인에서는 이 기법을 용기의 아래 베이스면에 질감적 효과와 개
성을 연출하기 위해 많이 쓰인다. 같은 종류와 크기의 소재들을 간격없이 빽빽하게 깔아 고르게
배치하여 자갈돌을 깐 길처럼 납작하고 정리된 디자인을 만들 수 있다.

Pillowing

디자인 스타일로서 Pillowing은 줄기가 짧은 재료들을 한데 모아 dome 또는 언덕의 효과를 낸다. 여러 그룹의 재료들을 볼록하게 한데 모아준다. 이들 그룹의 일부는 높이와 질감을 다르게 하여 자연스럽게 흘러내리도록 함으로써 편안한 베개의 효과를 낸다. 이 디자인의 전체 외형은 둥그런 언덕 또는 계곡과 흡사하다.

Reflexing

손으로 꽃잎을 바깥쪽으로 쓰다듬어서 핀 것 같은 효과를 내는 것이다.

Removing

다양한 타입의 꽃을 소재로 할 수 있고 꽃에서 꽃잎을 제거하여 꽃의 원래 현상을 변형시키는 기법이다. 장미나 아이리스, 데이지, 거베라와 같은 꽃들이 이 기법에 자주 쓰이고 꽃잎을 떼어냈을 때 꽃 자체가 완전히 다른 한 꽃으로 다시 태어나게 된다.

Sequencing

Sequencing이란 어떠한 크기별 순서나 정해진 법칙대로 순서대로 아이템을 배열하는 기법을 말한다. 플로랄 디자인에서는 이것이 꽃의 크기나 색깔로 이 기법을 연출하게 된다. 꽃은 봉오리에서 시작해서 만개해지는 순간까지 점진적으로 변해가고 색상은 밝은 색에서 어두운 색으로 변해간다. 작은 꽃들은 일반적으로 가장 바깥쪽에 배치하고 중간 크기의 꽃은 중간쯤에 가장 큰 꽃은 베이스에 가장 가깝게 배치하게 된다. 연속적인 기법은 디자인에서 균형의 미를 보여주고 작품 속에서 색상, 크기, 모양에 있어서 점진적 변화와 패턴을 창조한다.

Sewing

Sewing은 실과 바늘을 이용해 소재를 함께 이어주거나 단단히 결합시키는 기법이다. 다양한 소재를 이 기법에 응용할 수 있으며 바늘, 스테이플, 집게 또는 끈으로 연결할 수가 있다. 하와이완 레이는 특수 바늘과 실로 꽃 화환을 만들고 이 기법은 서로 다른 소재를 촘촘히 연결할 때도 쓰인다.

Shadowing

그림자 기법으로 같은 소재를 뒷쪽에 배치하여 깊이감을 주는 기법이다.

Sheltering

Sheltering이란 용기의 한정된 공간 안에서 작품을 잘 유지하게 해주는 기법이다. 수직디자인의 기본형 디자인을 용기의 지름 사이에서 잘 보존해주며 주요 작품을 훼손하지 않은 채 덮어 주거나 보호해 주는 디자인을 말한다. 어떤 디자인에서는 꽃이 커다란 잎을 받쳐주거나 보호해 주기도 한다. 이 방법은 어떤 심오함과 디자인에 흥미를 더해준다.

Stacking

Stacking은 소재를 한 겹 한 겹 차곡 차곡 쌓거나 말뚝 박기처럼 쌓는 기법이다. 모든 소재는 서로 밀접하게 닿아 있게 되고 상하로 층을 이루게 되며 약간의 공간이 있다.

Tailoring

넓은 잎소재를 자르거나 글루를 이용해서 원하는 모양이나 크기로 변형하여 재단하는 것이다.

Terracing

Terracing은 디자인에서 아래쪽이나 베이스 기초에 근거하는 기법이다. 이 방법은 일반적으로 납작한 모양의 서로 비슷한 소재들을 사용하며 계단식처럼 층층이 쌓거나 수평형으로 점진적으로 나아가는 모습을 띠기 때문에 언덕이나 여러층의 자연적 지형을 갖는 산처럼 보인다. 디자인 속에서의 소재는 단계별로 연속되며 점진적으로 나아갈수록 약간씩 뒤로 배치하여 계단 모양이 나올 수 있게 한다.

Tufting

칼라와 질감을 강조하기 위해 디자인의 아래쪽에 짧은 줄기들을 방사형 다발로 넣는 테크닉이다.

Tying

끈이나 로프 등으로 재료를 단단하게 묶어 고정시키는 방법이다.

Veiling

베어그래스, 스프링게리, 풀모사, 금속실, 엔젤 헤어 등의 가벼운 재료를 무거운 재료위에 얹어서 더욱 투명하고 가벼운 느낌을 주는 것. 워터폴 디자인에서 자주 사용된다.

Weaving
입체감각 조각적 형태를 나타내기 위해 잎을 엮는 테크닉

Winding
빙빙돌리면서 감는 기법

Zoning
Zoning 공간 중에 독특한 소재의 위치를 말한다. 아주 중요한 특별한 아이템을 제공하기도 한다. 또 디자인의 제일 꼭대기에 놓인다. 이 기법은 흥미 있는 꽃이나 일상적인 꽃의 높이나 특징을 나타낸다. 존은 한정된 구역을 말한다. 존이 존재하는 아이템은 다음 영역 사이의 넓은 공간에 존재한다.

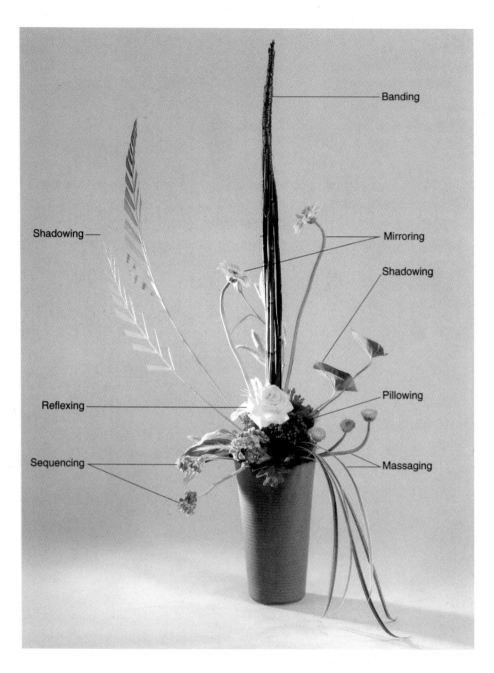

Banding

Shadowing

Mirroring

Shadowing

Reflexing

Pillowing

Sequencing

Massaging

| 소재 |

속새(마디초) *Equisetum hyemale*
아레카야자 *Chrysalidocarpus lutescens*
안수륨 *Anthurium andraeanum*
오리엔탈나리 *Lilium Oriental Hybrids*
장미 *Rosa spp.*

스톡 *Matthiola incana*
호엽란잎 *Aspidistra elatior*
거베라 *Gerbera hybrida*
마리안느 *Dieffenbachia x cv.marianne*
마가목 *Sorbus commixta*

천일홍 *Gomphrena globosa*
부바르디아 *Bouvardia longiflora*
잉꼬아나나스 *Vriesea mariae*

○ Zoning

□ Grouping

| 소재 |
글라디올러스 *Gladiolus gandavensis*
땅고추(화초 토마토) *Solanum integrifolium*
마가목 *Sorbus commixta*
장미 *Rosa spp.*

루카덴드론 *Leucadendron spp.*
리아트리스 *Liatris spicata*
아스파라가스 *Asparagus officinalis*
백묘국 *Senecio cineraria*

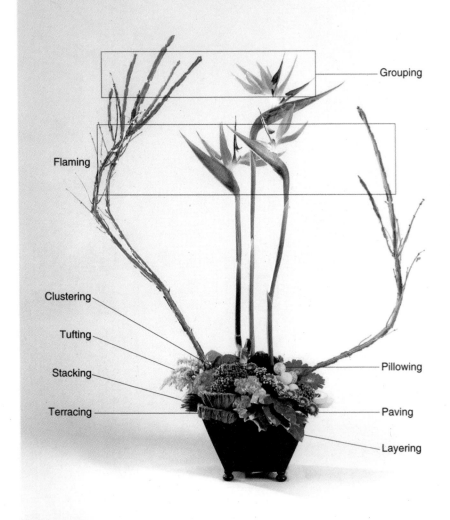

Grouping

Flaming

Clustering

Tufting

Stacking

Terracing

Pillowing

Paving

Layering

Bundling

| 소재 |
억새 *Miscanthus sacchariflorus*

European Style

유러피안 스타일

식물적 스타일　V E G E T A T I V E

식물의 자연식생을 이미지화하여 자연그대로 살아있는 것 같이 이상화하는 구성이다.

- 이상화하기 위한 주그룹, 역그룹, 부그룹의 분할에 따라 배치하여 각각의 그룹의 관련성을 표현한다.
- 식물의 자연상태를 이해하고 생태표현의 특징을 표현한다.
- 식물의 생장모양과 움직임을 파악하여 자연감의 표현을 이해한다.
- 식물의 분포나 환경이 같은 소재를 효과적으로 표현한다.
- Moment는 가상의 생장점이라도 가능하게 됨을 이해한다.
- 작품의 폭 : 높이 = 5 : 8의 비율로 한다.
  그룹의 양적 비율 = 8 : 5 : 3이 안정감있다.
- 기본적인 식물분포나 같은 환경의 식물소재를 사용한다.
- 비대칭의 구성에 따라 주그룹, 부그룹, 역그룹으로 분할에 의한 배치를 한다.
- 주가 되는 소재는 각 그룹에 공통되고 관련성과 통일감을 갖게 한다.
- 생장리듬에 맞게 구분지어 준다.

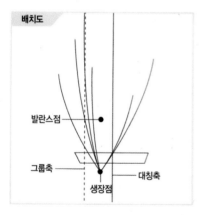

배치도

- 발란스점
- 그룹축
- 생장점
- 대칭축

테마의 조형기준

조형의 이미지	질서	배치	생장점
자연적	대칭	방사	1 초점
		병행	복수 초점
인공적 (비자연적)	비대칭	교차	1 생장점
		스파이랄	복수 생장점
		비정형	무초점

| 소재 |
투구꽃 *Aconitum jaluense*
라벤더 *Lavandula spp.*
백일홍 *Zinnia elegans*
천일홍 *Gomphrena globosa*
호엽란잎 *Aspidistra elatior*
아이비 *Hedera helix*

Vegetative

| 소재 |

라벤더 *Lavandula spp.*
네프로네피스 *Nephrolepis exaltata*

Vegetative

| 소재 |
속새 *Equisetum hyemale*
네프로네피스 *Nephrolepis exaltata*

평행-식생적 | V E G E T A T I V E

병행배치에 따라 식생감을 표현하는 구성이다.

• 소재가 서로 평행에 배치되어있는 조형이다.
• 식물의 생장의 모습, 모양, 움직임을 파악하여 평행과 함께 자연스러운 느낌을 표현한다.
• 식물의 분포나 환경이 같은 식물소재의 꾸밈에 따라 식생감을 효과적으로 표현한다.
• 소재는 생장의 모습, 형태나 움직임에 따라 기본적으로 평행배치하나 일부 자연적인 교차
  도 가능하다.

테마의 조형기준

조형의 이미지	질서	배치	생장점
자연적	대칭	방사	1 초점
		병행	복수 초점
인공적 (비자연적)	비대칭	교차	1 생장점
		스파이랄	복수 생장점
		비정형	무초점

| 소재 |
맨드라미 *Celosia cristata*
라벤더 *Lavandula spp.*

자연적 식물스타일 | L A N D S C A P E   S T Y L E

- 자연 그 자체를 모방하는 것이 아니고 그들의 독특한 소재를 살려서 자연스러운 느낌을 표현한다.
- 식생이 서로 다른 소재를 잘 어울리게 구성하여 공간에 조화를 이루게 한다.
- 자연스러운 움직임이 있는 식생이 서로 다른 소재를 어울리게 선택한다.
- 중가치적인 요소나 잎을 선택한다.
- 자연스러운 느낌으로 구성한다.
- 주제에 잘 어울리는 화기를 구성한다.

테마의 조형기준

조형의 이미지	질서	배치	생장점
자연적	대칭	방사	1 초점
		병행	복수
인공적 (비자연적)	비대칭	교차	1 생장점
		스파이랄	복수 생장점
		비정형	무초점

| 소재 |
단풍나무 *Acer palmatum*
백일홍 *Zinnia elegans*
해바라기 *Helianthus annuus*

Landscape Style

| 소재 |
해바라기 *Helianthus annuus*
썬바디 *Angelica czernaevia*
소국 *Chrysanthemum morifolium*
네피로네피스 *Nephrolepis exaltata*

Landscape Style

| 소재 |

백묘국 *Senecio cineraria*
곱슬버들 *Salix matsudana*
스프레이 카네이션 *Dianthus hybrida*
천일홍 *Gomphrena globosa*
아게라텀 *Ageratum houstonianum*
좀작살나무 *Callicarpa dichotoma*
라벤더 *Lavandula spp.*
리시안서스 *Eustoma grandiflorum*

Landscape Style

| 소재 |
맨드라미 *Celosia cristata*
아이비 *Hedera helix*
호엽란잎 *Aspidistra elatior*
돌나물 *Sedum sarmentosum*

Landscape Style

| 소재 |

노박덩굴 *Celastrus orbiculatus*
백일홍 *Zinnia elegans*
쏠리다고 *Solidago 'strahlenkrone'*
산펭의 다리(백야) *Thalictrum actaefolium*

평행 – 장식적 | PARALLEL

병행배치에 따라 장식감을 표현하는 구성이다.

- 식물소재가 서로 병행으로 배치되어있는 조형이다.
- 화려한 풍부함을 표현하고 효과를 높이기 위해 흔하게는 폐쇄된 윤곽으로 조형한다.
- 비대칭의 구성에 따라 그룹으로 나누는데 따라 배치한다.
- 주된 소재는 그것들의 그룹에도 공통으로 가지며 관련성과 통일감을 갖게 한다.
- 동일소재라도 리듬감을 주어 배치한다.
- 소재를 앞뒤로 배치하여 깊이감을 주며 옆면으로 봐도 평행으로 배치한다.

테마의 조형기준

조형의 이미지	질서	배치	생장점
자연적	대칭	방사	1 초점
		병행	복수 초점
인공적 (비자연적)	비대칭	교차	1 생장점
		스파이랄	복수 생장점
		비정형	무초점

| 소재 |
부바르디아 *Bouvardia longiflora*
라벤더 *Lavandula spp.*
층꽃나무 *Caryopteris incana*
호엽란 *Aspidistra elatior*
안수륨 *Anthurium andraeanum*
서양톱풀 *Achillea millefolium*

Parallel

| 소재 |

풍선초 *Cardiospermum halicacabum*
해바라기 *Helianthus annuus*
맨드라미 *Celosia cristata*
쏠리다고 *Solidago 'strahlenkrone'*
크르쿠마 *Curcuma spp.*
산세비에리아 *Sansevieria trifasciata*

Parallel

| 소재 |

노랑혹가지 *Solanum mammosum*
해바라기 *Helianthus annuus*
속새 *Equisetum hyemale*
맨드라미(인디안) *Celosia caracas*

Parallel

| 소재 |
리아트리스 *Liatris spicata*
장미 *Rosa spp.*
맨드라미 *Celosia cristata*
아스파라가스 *Asparagus officinalis*

Parallel Graphic

| 소재 |
산세비에리아 *Sansevieria trifasciata*
거베라 *Gerbera hybrida*
극락조화 *Strelitzia reginae*

Horizontal Parallel

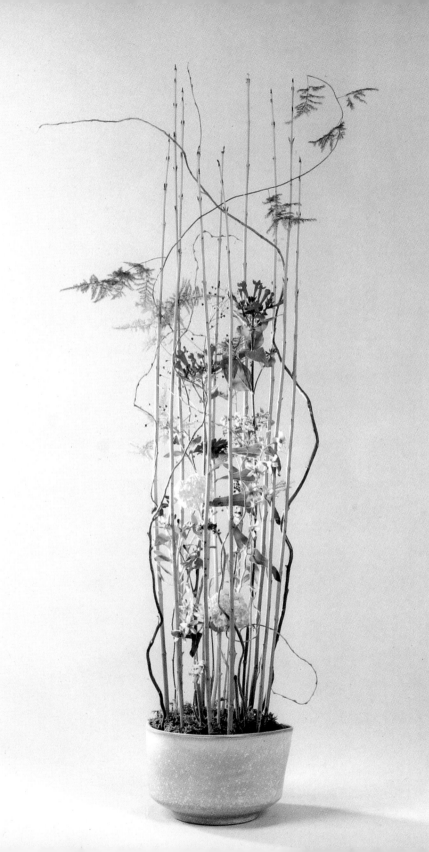

평행 – 장식적(움직임) │ P A R A L L E L

식물소재의 정적인 모습과 동적인 모습의 대비를 표현하는 구성이다.

• 식물소재의 움직임으로부터 정적인 소재와 동적인 소재를 선택해서 그 대비에 따른 구성
  을 이해한다.
• 식물소재의 정과동의 대비에 따라 긴장감과 움직임의 효과를 표현한다.
• 작품의 폭 : 높이 = 3 : 8 이상의 비율이 편하다.
• 정적인 식물소재와 동적인 식물소재를 선택한다.

테마의 조형기준

조형의 이미지	질서	배치	생장점
자연적	대칭	방사	1 초점
		병행	복수 초점
인공적 (비자연적)	비대칭	교차	1 생장점
		스파이랄	복수 생장점
		비정형	무초점

| 소재 |

말채나무 *Celosia cristata*
부바르디아 *Bouvardia longiflora*
거베라 *Gerbera hybrida*
불두화 *Viburnum sargentii*
아스파라가스 *Asparagus officinalis*
스톡 *Matthiola incana*
곱슬버들 *Salix matsudana*

평행 – 장식적(프로팅) | P A R A L L E L

식물소재를 높이 꽂아 시각적인 초점과 중심을 높은 위치에 표현하는 구성이다.

• 작품의 중심을 높은 위치로 구성하여 낮은 위치부터 높은 위치에 변화한다.
• 줄기의 긴 꽃다발과 같이 높이 구성한다.
• 작품의 폭에 대하여 높이를 크게 잡는다.
• 작품의 폭 : 높이 = 3 : 8 이상의 비율로 한다.
• 높은 위치에의 표현에 알맞은 식물소재를 선택한다.

테마의 조형기준

조형의 이미지	질서	배치	생장점
자연적	대칭	방사	1 초점
		병행	복수 초점
인공적 (비자연적)	비대칭	교차	1 생장점
		스파이랄	복수 생장점
		비정형	무초점

| 소재 |
부바르디아 *Bouvardia royaldaphne*
거베라 *Gerbera hybrida*
덴드론비움 *Dendrobium falconeri*
아레카야자 *Chrysalidocarpus lutescens*
쏠리다고 *Solidago 'strahlenkrone'*
아스파라가스 푸루모서스 *Asparagus plumosus*
풍선초 *Cardiospernum halicacabum*
장미 *Rosa spp.*
리시안 *Eustoma gradiflorum*

| 소재 |

리시안서스 *Eustoma grandiflorum*   거베라 *Gerbera hybrida*
부바르디아 *Bouvardia longiflora*   스파트필룸 *Spathiphyllum spp.*
능수버들 *Salix pseudo-lasiogyne*   과꽃 *Callistephus chinensis*
소국 *Chrysanthemum morifolium*   여왕야자 *Curculigo capitulata*
부추 *Allium odrum L.*

평행 – 장식적(교차형) | PARALLEL

식물소재에 따른 교차를 표현하는 구성이다.

- 식물의 생장하는 모습, 모양과 움직임을 파악하여 교차로 표현한다.
- 식물소재의 줄기, 선의 교차에 따른 공간표현을 한다.
- 교차하는 줄기의 선을 살리기 위해 적절한 잎의 처리를 한다.
- 식물소재를 낮게 비스듬히 배치할 때 자연스럽게 꽂는다.

테마의 조형기준

조형의 이미지	질서	배치	생장점
자연적	대칭	방사	1 초점
		병행	복수 초점
인공적 (비자연적)	비대칭	교차	1 생장점
		스파이랄	복수 생장점
		비정형	무초점

| 소재 |
곱슬버들 *Salix matsudana*
신서란(잎새란) *Phormium tenax*
거베라 *Gerbera hybrida*
백일홍 *Zinnia elegans*
장미 *Rosa spp.*
라벤더 *Lavandula spp.*
필로덴드론 제나두 *Philodendron cv. Xanadu*

Vertical Parallel

| 소재 |

스파트필름 *Spathiphyllum spp.*
부바르디아 *Bouvardia longiflora*
리시안서스 *Eustoma grandiflorum*
거베라 *Gerbera hybrida*
필로덴드론 제나두 *Philodendron cv. Xanadu*

Diagonal Parallel

| 소재 |
찔레 *Rosa multiflora*
헬리코니아 *Heliconia spp.*

평행 – 장식적(사선형) | PARALLEL

소재를 평행으로 구성하되 사선 평행에 초점을 맞추어 제작한다.
이것은 각각의 식물들이 고유의 출발점을 가지고 있어 개개인의 형태에 대한 가치를 중요시
여기는 것보다 장식적인 효과에 더욱 비중을 두고 작품을 구성하는 것이 좋다.
사선으로 진행되기 때문에 긴장감과 흥미를 더해준다.

테마의 조형기준

조형의 이미지	질서	배치	생장점
자연적	대칭	방사	1 초점
		병행	복수 초점
인공적 (비자연적)	비대칭	교차	1 생장점
		스파이랄	복수 생장점
		비정형	무초점

| 소재 |

조 *Setaria italica*
쏠리다고 *Solidago 'strahlenkrone'*
해바라기 *Helianthus annuus*

포멀리니어 | FORMAL LINER

식물소재의 형과 선의 대비를 표현하는 구성이다.

- 식물의 형태나 움직임의 형태로부터 자연의 가운데 있는 조형요소로서 직선과 곡선, 평면과 입체의 특성을 이해하여 표현한다.
- 식물소재의 선과 형태의 움직임의 대비로 긴장감이 있는 작품을 표현한다.
- 직선, 곡선, 평면, 입체를 합하여 특징있는 식물소재를 선택한다.
- 7~12종류 정도를 알맞게 적은 식물소재를 선택한다.
- 하나의 생장점에서 시작해야 한다.

테마의 조형기준

조형의 이미지	질서	배치	생장점
자연적	대칭	방사	1 초점
		병행	복수 초점
인공적 (비자연적)	비대칭	교차	1 생장점
		스파이랄	복수 생장점
		비정형	무초점

| 소재 |

국화 *Dendranthema gandiflorum*
다래덩굴 *Actinidia arguta*
산세비에리아 *Sansevieria trifasciata*
필로덴드론 제나두 *Philodendron cv. Xanadu*

Formal Liner

| 소재 |
신서란(잎새란) *Phormium tenax*
수국 *Hydrangea macrophylla*
다래덩굴 *Actinidia arguta*
라벤더 *Lavandula spp.*

Modern Formal Liner

| 소재 |

다래덩굴 *Actinidia arguta*
달리아 *Dahlia hybrida*
거베라 *Gerbera hybrida*
라벤더 *Lavandula spp.*

필로덴드론 제나두 *Philodendron cv. Xanadu*
루카덴드론 *Leucadendron spp.*
백일홍 *Zinnia elegans*
곱슬버들 *Salix matsudana*

Formal Liner

| 소재 |

필로덴드론 제나두 *Philodendron cv. Xanadu*
다래덩굴 *Actinidia arguta*
아레카야자 *Chrysalidocarpus lutescens*
스킨답서스 *Epipremnum aureum*
쿠르쿨리고 *Curculigo capitulata*
아이비 *Hedera helix*

보스톤 고사리 *Nephrolepis exalata*
마가목 *Sorbus commixta*
스톡 *Matthiola incana*
잎모란(꽃양배추) *Brassica oleraceae*
루카덴드론 *Leucadendron spp.*
호엽란잎 *Aspidistra elatior*

Formal Liner

| 소재 |

극락조화 *Strelitzia reginae*
곱슬버들 *Salix matsudana*
필로덴드론 제나두 *Philodendron cv. Xanadu*
쿠르쿨리고 *Curculigo capitulata*
연꽃 *Nelumbo nucifera*

노랑흑가지 *Solanum mammosum*
알로카시아 *Alocasia spp.*
아이비 *Hedera helix*
아프리칸 메리골드 *Tagetes electa*
장미 *Rosa spp.*

벙크샤 *Banksia burdettii*
담쟁이덩굴 *Parthenocissus tricuspidata*
마리안느 *Dieffenbachia x cv. marianne*

데코라티브 | DECORATIVE

- 식물의 생태적 특성을 버리고 디자이너의 의도대로 만들어지는 디자인이다.
- 전통적 웨스턴디자인은 대개 장식적 디자인에 속한다.
- 대칭디자인이 많고 풍성하다.
- 기하학적, 추상적디자인이 포함된다.

테마의 조형기준

조형의 이미지	질서	배치	생장점
자연적	대칭	방사	1 초점
		병행	복수 초점
인공적 (비자연적)	비대칭	교차	1 생장점
		스파이랄	복수 생장점
		비정형	무초점

| 소재 |

산세비에리아 Sansevieria trifasciata
스파트필룸 Spathiphyllum spp.
칼라 Zantedeschia hybrida
덴파레 Dendrobium phalaenopsis
스프레이 카네이션 Dianthus hybrida
장미 Rosa spp.
아스파라가스 Asparagus officinalis
코르딜리네 Cordyline terminalis
아이비 Hedera helix
필로덴드론 제나두 Philodendron cv. Xanadu

Horizontal Decorative

| 소재 |

피마자 *Ricinus communis*

벙크샤 *Banksia burdettii*

맨드라미 *Celosia cristata*

알로카시아 *Alocasia spp.*

아디안텀 *Adiantum caudatum*

연꽃 *Nelumbo nucifera*

오리나무 *Alnus japonica*

스프레이 카네이션 *Dianthus hybrida*

Parallel Decorative

| 소재 |
루카덴드론 Leucadendron spp.
거베라 Gerbera hybrida
풍선초 Cardiospermum halicacabum
필로덴드론 제나두 Philodendron cv. Xanadu
장미 Rosa spp.
폭스페이스 Solanum mammosum
연꽃 Nelumbo nucifera
맨드라미 Celosia cristata
백묘국 Senecio cineraria
아이비 Hedera helix
망개 Smilax china
피마자 Ricinus communis

Radial Decorative

| 소재 |
아스파라가스 Asparagus officinalis
풍선초 Cardiospermum halicacabum
화살나무 Euonymus alatus
소국 Chrysanthemum morifolium
장미 Rosa spp.
아이비 Hedera helix
맨드라미 Celosia cristata
연꽃 Nelumbo nucifera
속새 Equisetum hyemale
거베라 Gerbera hybrida
부바르디아 Bouvardia longiflora
쏠리다고 Solidago 'strahlenkrone'
폭스페이스 Solanum mammosum
스프레이 카네이션 Dianthus hybrida

구조적 스타일 | STRUCTURE

식물의 재질감에 따라 표현구조를 표현하는 구성이다.

- 꽃, 잎, 줄기의 표면의 재질감의 다른 특징을 이해한다.
- 식물소재의 집합과 밀집에 따라 구성하고 윤곽은 촘촘하게 느슨하게 할 수 있다.
- 식물소재의 색의 요소도 중시한다.
- 평면적인 약간의 고저에 유의하여 전체적인 발란스를 취한다.
- 일반적으로 구조적 스타일은 장식적인 형태에 포함된다.

테마의 조형기준

조형의 이미지	질서	배치	생장점
자연적	대칭	방사	1 초점
		병행	복수 초점
인공적 (비자연적)	비대칭	교차	1 생장점
		스파이랄	복수 생장점
		비정형	무초점

Structure

| 소재 |

풍선초 *Cardiospermum halicacabum*   연꽃 *Nelumbo nucifera*
장미 *Rosa spp.*   백일홍 *Zinnia elegans*
아프리칸 매리골드 *Tagetes electa*   미리오클라두스 *Asparagus myriocladus*
노랑혹가지 *Solanum mammosum*   필로덴드론 제나두 *Philodendron cv. Xanadu*
스프레이 카네이션 *Dianthus hybrida*   아스파라가스 *Asparagus officinalis*
맨드라미 *Celosia cristata*   스파티필룸 *Spathiphyllum spp.*

Structure

Structure

| 소재 |

화살나무 *Euonymus alatus*   장미 *Rosa spp.*
맥문동 *Liroipe platyphylla*   화초고추 *Solanum integrifolium*
수국 *Hydrangea macrophylla*   오리나무 *Alnus japonica*
과꽃 *Callistephus chinensis*   아스파라가스 *Asparagus officinalis*

핸드타이드 부케　HAND-TIED BOUQUET

핸드타이드부케는 손으로 꽃과 소재의 줄기를 나선상으로 엮으면서 형태를 조정하여 만든 꽃다발을 말한다.

만들 때 유의사항
① 형이 흐트러지지 않도록 단단히 다발을 지을 것
② 다발을 묶는 곳은 되도록 가늘게 꼭 필요한 폭만으로 엮어서 단단히 묶어야 한다.
③ 줄기는 모두 비스듬히 같은 각도의 방향의 나선상으로 돌아가며 배열한다.
④ 바인딩 포인트로부터 아래쪽의 줄기는 잎등을 모두 깨끗이 하여야 한다.
⑤ 묶은 줄기의 끝은 잘 드는 칼로 비스듬히 자른다.
⑥ 충분한 물올림이 되어야 한다.

조형상의 필요조건
① 명확한 꽃의 배열(대칭형 또는 비대칭형)
② 구성의 종류에 따른 조형의 방법
③ 화재에 맞는 비율이나 색채의 선택

스탠딩부케 만들 때 주의점
① 분명한 모양을 갖출 것
② 구조물이 시각적으로 너무 무겁지 않을 것
③ 구조물이 꽃에 의해 지배되거나 혹은 구조물이 꽃을 지배하지 않도록 할 것
④ 디자인의 동기가 분명할 것(concept)
⑤ 테크닉이 안정적일 것
⑥ 작품의 부분 부분이 연결이 잘 되도록 할 것
⑦ 비율을 지킬 것
⑧ 초점은 위로 할 것
⑨ 꽃을 너무 묶어서 죄도록 하지말 것

테마의 조형기준

조형의 이미지	질서	배치	생장점
자연적	대칭	방사	1 초점
		병행	복수 초점
인공적 (비자연적)	비대칭	교차	1 생장점
		스파이랄	복수 생장점
		비정형	무초점

| 소재 |

거베라 Gerbera hybrida
부프리움 Bupleurum griffithii
장미 Rosa spp.
소국 Chrysanthemum morifolium
왁스플라워 Chamelaucium uncinatum

미리오글라두스 Asparagus myriocladus
아프리칸 매리골드 Tagetes electa
쏠리다고 Solidaster luteus
호엽란잎 Aspidistra elatior
안수룸 Anthurium andraeanum

Formal Linear Hand-tied Bouquet

| 소재 |
다래덩굴 *Actinidia arguta*
스프레이 카네이션 *Dianthus hybrida*
필로덴드론 제나두 *Philodendron cv. Xanadu*

거베라 *Gerbera hybrida*
호엽란잎 *Aspidistra elatior*
곱슬버들 *Salix matsudana*

Structure Hand-tied Bouquet

| 소재 |

장미 *Rosa spp.*
리시안서스 *Eustoma grandiflorum*
카네이션 *Dianthus caryophyllus*
부바르디아 *Bouvardia longiflora*
맨드라미 *Celosia cristata*

거베라 *Gerbera hybrida*
공작초 *Aster spp.*
불두화 *Viburnum sargentii*
스톡 *Matthiola incana*
크르쿠마 *Curcuma spp.*

편백 *Chamaecyparis obtusa*
필로덴드론 제나두 *Philodendron cv. Xanadu*
루모라 고사리 *Rumohra adiantiformis*
유칼리톱스 *Eucalyptus cinerea*

신부 꽃다발 | BRIDAL BOUQUET

- 신부의 꽃다발이라는 사용목적에 맞추어 제작한다.
- 비율은 8 : 5 : 3으로 한다.
- 생장의 모습, 형태나 움직임에 맞게 소재를 선택한다.
- 와이어의 메카닉스 등은 보이지 않게 처리한다.
- 손잡이는 리본 등으로 커버하여 끝맺음 한다.
- 시각적인 발란스와 함께 기능적으로도 들기 쉽게 마무리한다.

테마의 조형기준

조형의 이미지	질서	배치	생장점
자연적	대칭	방사	1 초점
		병행	복수 초점
인공적 (비자연적)	비대칭	교차	1 생장점
		스파이랄	복수 생장점
		비정형	무초점

| 소재 |

장미 *Rosa spp.*
스프레이 카네이션 *Dianthus hybrida*
미리오글라두스 *Asparagus myriocladus*
덴파레 *Dendrobium phalaenopsis*

Bridal Bouquet

Cascade

| 소재 |

반다 *Vanda spp.*
호접란잎 *Phalaenopsis spp.*
안수륨 *Anthurium andraeanum*
장미 *Rosa spp.*
칼라 *Zantedeschia hybrida*

스파티필룸 *Spathiphyllum spp.*
필로덴드론 제나두 *Philodendron cv. Xanadu*
미리오글라두스 *Asparagus myriocladus*
리시안서스 *Eustoma grandiflorum*
아이비 *Hedera helix*

Bridal Bouquet

Formal-Linear

| 소재 |

필로덴드론 제나두 *Philodendron cv. Xanadu*   루카덴드론 *Leucadendron spp.*
곱슬버들 *Salix matsudana*   적드라세나 *Cordyline terminalis*
칼라 *Zantedeschia hybrida*   아스파라가스 *Asparagus officinalis*
아이비 *Hedera helix*

크란츠 | K R A N Z E

2000년 전 이집트에서부터 시작된 화환은 꽃이나 열매로 갈란드를 만들어 사용하였다.
불멸과 영원한 삶, 그리고 위로와 사랑을 상징하고 있다.
대부분 장례용으로 쓰이며 최근에는 추수감사절, 성탄절에 각 가정의 현관문 장식으로 많이
쓰인다.
대부분 원형형태로 이루어지며 반원형, 제방형과 형태적으로 자유로운 형 등을 나눌 수 있다.

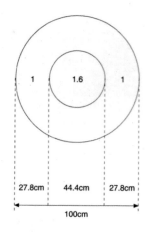

| 소재 |
비단향 *Juniperus chinensis*
편백 *Chamaecyparis obtusa*

Kranze

| 소재 |

은엽아카시아 *Acacia baileyana*
편백 *Chamaecyparis obtusa*
줄맨드라미 *Amaranthus caudatus*
해바라기 *Helianthus annuus*

잎모란(꽃양배추) *Brassica oleraceae*
자리공 *Phytolacca americana*
벙크샤 *Banksia burdettii*
썬바디 *Angelica czernaevia*

Kranze

| 소재 |
다래덩굴 *Actinidia arguta*
청미래덩굴 *Smilax china*
연꽃 *Nelumbo nucifera*
공기난 *Tillandsia usneoides*
소국 *Chrysanthemum morifolium*

Kranze

| 소재 |
백묘국 *Senecio cineraria*
장미 *Rosa spp.*
소국 *Chrysanthemum morifolium*
맨드라미 *Celosia cristata*
스프린게리 *Asparagus sprengeri*
부바르디아 *Bouvardia longiflora*
스톡 *Matthiola incana*
루카덴드론 *Leucadendron spp.*
거베라 *Gerbera hybrida*
수국 *Hydrangea macrophylla*
땅고추(화초 토마토) *Solanum integrifolium*

공간장식 | S P A C E   D E C O R A T I O N

공간장식은 장소에 따라 크게 실내와 실외공간으로 나누어 질 수 있으며 플라워 디자인에서는 특히 자연의 식물 소재를 이용하여 주변의 환경과 좋은 조화를 이루도록 공간을 아름답게 장식하는 것을 말한다.

좋은 공간 장식을 하기 위해서는 주제와 목적, 용도가 고려되어야 하며 공간의 특성과 이용자의 특성, 시각구조상의 특성 등에 대한 조사와 분석이 이루어져야 한다.

또한 장식을 하고자 하는 공간의 건축 양식, 색상, 질감, 형태, 크기, 환경조건(광, 온도 등), 가구, 조명 등과 필요한 장식물의 규모, 표현수단, 시각구조상의 특성 등을 고려하여 공간과 장식물이 조화를 이루도록 하여야 한다.

Space Decoration

Space Decoration

테이블장식 | TABLE DECORATION

테이블장식이란 요리를 식탁 위에 아름답고 품위있게 보이기 위해 다양한 꽃장식, 테이블 클로스, 컵, 식기 등을 꾸미는 것을 말하며 이 중에서 테이블 중앙부의 꽃장식을 센터피스라고 한다.

테이블 센터피스 장식시 고려사항
① 테마에 맞는 꽃이나 컬러를 선택한다.
② 음식의 맛을 방해하는 자극적인 향이 있는 재료를 피한다.
③ 식욕을 돋우는 컬러소재를 선택한다.
④ 식기, 커트러리 등과 같이 어울릴 수 있게 한다.
⑤ 대화의 시선을 방해하지 않게 한다.

| 소재 |

유칼리툽스 *Eucalyptus cinerea*
과꽃 *Callistephus chinensis*
소국 *Chrysanthemum morifolium*
스톡 *Matthiola incana*
안수륨 *Anthurium andraeanum*
오리엔탈나리 *Lilium Oriental Hybrids*
카네이션 *Dianthus caryophyllus*

식물 모아심기 | P L A N T

약간의 주체가 되는 식물을 모아 표현하는 구성이다.

- 같은 환경에 모여 사는 식물의 특성을 표현한다.
- 식물의 생장모습, 형태와 움직임을 파악한다.
- 식물의 분포나 환경이 같은 소재를 꾸며서 자연그대로의 느낌을 표현한다.
- 작품의 폭 : 높이: 양적 비율은 8 : 5 : 3으로 한다.
- 비대칭으로 구성하고 그룹나눔에 의한 배치를 한다.

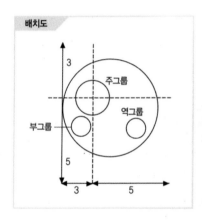

배치도

테마의 조형기준

조형의 이미지	질서	배치	생장점
자연적	대칭	방사	1 초점
		병행	복수 초점
인공적 (비자연적)	비대칭	교차	1 생장점
		스파이랄	복수 생장점
		비정형	무초점

| 소재 |

용담 *Gentiana spp.*

Plant

| 소재 |

골드크레스트 *Cupressus macrocarpa*   아자레아 *Rhododendron hybrids*

달리아 *Dahlia hybrida*   더피트리안 *Hyssopus officinalis*

남천 *Nandina domestica*   다래덩굴 *Actinidia arguta*

접난 *Chlorophytum comosum*

Plant

Plant

Plant

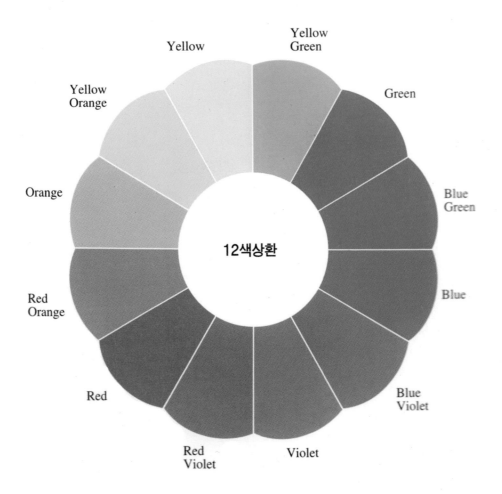

Yellow

Yellow
Green

Green

Yellow
Orange

Blue
Green

Orange

12색상환

Blue

Red
Orange

Blue
Violet

Red

Red
Violet

Violet

참 고 문 헌

정석 플라워디자인, 한국플라워디자인협회, 탑출판사

한국의 화훼원예식물, 윤평섭, 2004, 교학사

600가지 꽃도감, 2004, 한국화훼장식교수연합회, 부민문화사

기억하기 쉬운 식물이름, 아르메리아, 2001, 도서출판 인사랑

BLOEMENBUREAU HOLLAND

한국식물도감, 이영로, 1998, 교학사

배우기 쉬운 플라워디자인, 2000, 도서출판 인사랑

긍정바이러스

『하루 5분 나를 바꾸는 긍정훈련 - 행복에너지』

당신의 삶을 행복으로 인도할 최고의, 최후의 '멘토'
'행복에너지 권선복 대표이사'가 전하는
행복과 긍정의 에너지, 그 삶의 이야기!

책 『하루 5분, 나를 바꾸는 긍정훈련? 행복에너지』는 "긍정
도 훈련이다"라는 발상의 전환을 통해 삶을 행복으로 이끄
는 노하우를 담고 있다. 긍정적으로 세상을 보는 사람들이
삶에 대처하는 방식 그리고 저자 '도서출판 행복에너지
권선복 대표이사'가 실생활에서 경험한 구체적인 사례들을
바탕으로 이루어져 있다.

저자 권선복

충남 논산 출생. 도서출판 행복에너지/지에스데이타(주) 대표이사. 대통령직속 지역발전위원회
문화복지 전문위원. 새마을문고 서울시 강서구 회장. 전) 서울시 강서구의회의원(도시건설위원장).
특허청장 상, 자랑스러운 서울시민상, 대한민국 인물대상(출판산업 부문) 등 수상.

01

폭풍을 기적으로 바꾼
긍정의 힘

일본 아오리현에 태풍이 불어닥쳤다. 몇 년 만에 불어닥친 초강력 태풍이 아오리현의 모든 것을 거의 쓸어가다시피 하였다. 어찌나 강력했는지 인명 피해는 물론이고 재산 피해도 심각했다. 특히 심각한 피해를 입은 것은 바로 아오리현의 사과였다. 지역 특산물로 지역 경제에 중요한 역할을 하고 있는 사과가 태풍으로 인해 대부분 떨어졌을뿐더러 많이 상하고 만 것이다. 농장에서는 사과를 수확하는 일이 어려워졌다.

태풍이 지나간 후 아오리현 지역 경제는 무너질 지경에 이르렀다. 한 해의 사과 농사를 모두 망쳤다. 그나마 수확한 사과는 전체의 10% 정도에 불과했다. 절망적인 상황이었다. 그런데 한 농부의 기지로 인하여 아오리현은 기사회생했다. 오히려 예전보다 더욱 높은 인지도와 경제력을 회복했다.

이유가 무엇이었을까? 그들은 태풍으로 인해 벌어진 절망적인 상황을 바라보지 않았다. 오히려 남아 있는 것들을 바라보기 시작했다. 10% 수확량에 불과한 남은 사과에 집중하기 시작한 것이다.

수확한 사과는 '합격 사과'로 변신했다. 사과에는 부제로 '태풍에도 절대 떨어지지 않는 사과'라고 이름을 붙였다. 이윤을 맞추기 위해 원래의 가격보다 10배나 비싸게 파는 모험을 했지만, 이게 웬일인가? 합격 사과는 기존 아오리현에서 사과가 팔리는 것보다 더 빠른 속도로 팔렸다. 심지어 사과를 구하지 못한 사람들이 사과를 10배보다 더 높은 가격에 거래하기도 하는 상황이 벌어졌다. 결국 10% 남았던 사과는 아오리현의 모든 수익을 다 충당해주었고 일본 일대에 아오리현 사과의 높은 지명도를 남기는 긍정의 힘을 보여주었다.

긍정의 사전적 의미는 '어떤 상황에서도 가장 희망적인 생각과 말 행동을 하도록 마음을 품는 것'이다. 이 말은 곧 자기 자신의 선택에 의해 충분히 긍정할 수 있다는 것을 말한다.

사실 모든 것은 선택에 달려 있다. 긍정을 선택한 자는 긍정하게 되고, 부정을 선택한 자는 부정하게 된다. 그리고 놀랍게도 긍정을 선택한 자에게 성공과 행복이 몰려오게 되어 있다. 왜일

까? 어떤 상황에서든지 긍정하는 것에는 놀라운 힘이 있기 때문이다. 고난의 때에 힘들다 어렵다 불평만 하다 보면 상황은 바뀌지 않는다. 10%의 사과만 남은 아오리현의 사람들이 어쩔 수 없다. 그냥 살아야 한다. 이렇게 불평불만만 가지고 살았다면 10%의 사과를 제값에 팔았을 것이고 아오리현의 사람들은 그해 무척 어렵고 가난한 삶을 살아야만 했을 것이다. 반면에 긍정의 힘을 바라보니 놀라운 일이 생겼다.

오늘날 많은 사람들이 시들어가고 있다. 급변하는 현대 사회에 적응하려다 보니 사람들은 점점 지치고 힘들어한다. 그러나 절망적인 상황에 눈을 돌리지 않아야 한다. 어떠한 상황에서도 자신에게 있는 좋은 부분을 바라보는 마음의 창을 열어야 한다.

인도 우화 중에 이런 이야기가 있다. 평소 고양이를 너무 두려워하는 쥐가 있었다. 그 쥐가 가여웠던 신이 쥐를 고양이로 만들어 주었다. 고양이가 된 쥐는 뛸 듯이 기뻤으나 이내 고양이를 위협하는 개가 두려웠다. 신은 다시 쥐를 개로 만들어 주었으나, 이젠 호랑이가 무서워졌다. 다시 호랑이로 변하게 된 쥐는 호랑이를 사냥하는 사냥꾼이 두려워졌다. 사냥꾼을 두려워하는 쥐를 본 신은 이렇게 대답했다.

"너는 다시 쥐가 되어라. 내가 너를 무엇으로 만들어 줘도 너는 쥐의 마음을 갖고 있으니 나도 어쩔 수 없다."

이 쥐가 마음의 창을 열어 좋은 부분을 바라보았다면 고양이, 개, 호랑이로 변하지 않고 원래 쥐로서 살았어도 충분히 행복한 인생을 살 수 있었을 것이다.

사람들도 마찬가지이다. 마음가짐을 바꾸지 못하면서 결과만 바꾸려고 한다. 마음가짐을 먼저 긍정으로 바꾸어야 한다. 그렇지 않다면 1억을 벌어도, 10억을 벌어도 마음속엔 여전히 채우지 못할 허전함이 존재할 것이고, 행복하지 못하는 마음이 있을 것이다. 반면에 긍정한다면 정말 가난해도 그 상황에서 어떻게든 행복해지는 법을 찾고자 노력하게 될 것이다. 그리고 마침내 행복을 찾게 될 것이다.

스스로 생각을 바꾸어 긍정의 창을 열면 꿈을 이룰 수 있고 결국 인생을 변화시킬 수 있다. 우리의 뇌는 진짜와 가짜를 구분하지 못한다고 한다. 『뇌내혁명』을 지은 하루야마 시게오는 "우리 뇌는 어떻게 생각하느냐에 따라 달라진다."고 주장했다. 마이너스 발상을 하면 뇌도 그렇게 작용하여 부정적인 호르몬을 분비하지만 플러스 발상, 즉 긍정적인 생각을 하면 베타 엔도르핀이란 것이 분비되어 사람을 젊고 건강하게 만든다는 것이다.

실제로 연구결과에 따르면 가짜 웃음도 엔도르핀을 발생시키는 효과가 있다고 한다. 기쁘지 않다고 하더라도 억지로 얼굴근육을 움직여서 웃음을 지으면 뇌가 우리가 웃고 있다고 착각을 하여서 암을 없애는 세포와 엔도르핀을 생성하게 된다는 것이다.

지금은 이러한 긍정적 생각이 필요한 때다. 시들어가는 영혼을 일으켜 세울 강력한 무기는 바로 긍정 바이러스이다. 긍정 바이러스는 한번 침투하면 절대 세력이 약해지지 않고, 생각을 변화시키고 꿈을 이루게 하여 인생을 찬란하게 이끌어 줄 것이다. 또한 바이러스가 지닌 특징인 폭발적 전염력이 더해져 시들어가는 세상을 밝힐 수 있다.

아기 때를 생각해 보자. 우리는 본래 긍정적인 존재였다. 아무것도 아닌 일에 웃었고 어떠한 상황에서도 희망을 잃지 않았으며 언제나 꿈꾸었다. 이제 그 본성을 되돌릴 시간이 되었다. 당신은 그저 긍정 바이러스 버스에 올라타기만 하면 된다.

02

세상에서
가장 중요한 나

세상에서 가장 멋있는 사람을 한 자로 줄이면 → '나'

세상에서 가장 훌륭한 사람을 두 자로 줄이면 → '또 나'

세상에서 가장 멋진 사람을 세 자로 줄이면 → '역시 나'

이번엔 네 자로 줄이면 → '그래도 나'

다섯 글자로 줄이면 → '다시 봐도 나'

자, 이번엔 글자 수를 늘여

아홉 자로 줄이면 → '요리 보고 조리 봐도 나'

언제 들어도 기분 좋아지고 나의 자존감을 높이는 유머란 생
각에 이 말을 자주 애용하곤 한다.

우리는 너무 자기 자신을 높이지 않는다. 그런데 자기를 존중하는 것은 교만이 아니다. 진정으로 겸손한 사람은 자신에 대한 존중이 있는 사람이다. 우선 자신을 소중히 여길 수 있는 사람이 다른 사람을 소중히 여길 수 있기 때문이다. 생각해 보라. 자신은 한심하다고 여기고, 자신은 아무것도 할 수 없다고 여기는 존재가 다른 사람에 대해서는 저 사람은 아주 훌륭한 사람이다. 저 사람은 아주 멋진 사람이다. 라고 해봤자 스스로 위축될 뿐이고, 진정으로 그 사람을 돕고자 하는 마음이 생기지 않을 것은 분명하다.

슈바이처 박사가 아프리카에서 돌아올 때 사람들의 예상을 깨고 기차의 3등 칸에서 내렸다. 그러면서 하는 말이 '이 기차는 4등 칸이 없어서 3등 칸을 타고 왔습니다.'라고 이야기했다. 그러나 이것은 자신을 무시한 것이 아니다. 자신에 대한 존중감이 있었기에 겸손하면서도 당당하게 3등 칸에 탄 것이다. 나를 힘차고 당당하게 만들려면 우선 자신을 사랑스럽게 바라볼 줄 아는 따뜻한 시선이 필요하다.

맹구부목盲龜浮木이란 말과 관련된 재밌는 이야기가 있다. 가도 가도 끝이 없는 망망대해에 한쪽 눈이 먼 거북 한 마리가 살고 있었다. 거북은 백만 년에 한번 숨을 쉬러 잠깐 바다 표면에 떠올랐다가 다시 바다 속으로 가라앉는다. 바다 위로 올라와 숨을 쉬기 위해서는 도구가 필요한데, 다행히 망망대해 위에 한 조각의 나무판자가 있고 그 판자엔 조그마한 구멍이 뚫려 있었다. 거북은 그 나무 조각을 만나야만 숨을 쉴 수 있는 것이다.

이 거북이 백만 년 만에 수면 위로 올라오는 일도 힘든데 그 망망대해 이리저리 휩쓸려 떠도는 구멍 뚫린 나무 조각을 만나는 일은 얼마나 더 힘이 들까? 이 이야기는 우리가 이 세상에 태어나는 것이 백만 년 만에 바다 위로 올라와 나무 조각과 만나는 것과 같이 어려운 일이라는 것을 말해준다. 우리네 인생이 그러하다. 어려운 인연의 끈을 쥐어 잡고 나온 만큼 귀하다. 그런데도 우리는 자신을 냉대한다.

영어에서 나를 'I'라고 표현한다. 약속이라도 한 듯 숫자 1과 비슷하다. 1One = I(나). 나는 이 세상에서 유일한 존재이다. 언제나 나는 대문자 'I'로 표현되는 특별하고 주체적인 존재인 것이다.

『모리와 함께한 화요일』의 저자 모리 슈워츠 교수 역시 인생의 마지막 길에서 많은 이들에게 이러한 메시지를 남겼다.

"자신을 사랑하는 사람, 자신을 동정할 줄 아는 사람, 자신에게 친절한 사람이 되십시오. 자신을 진실로 아는 자는 진실로 자신을 귀하게 여기며 자신에 대한 귀한 존경심을 통하여 타인을 자기처럼 귀하게 여기는 방법을 배우게 됩니다. 즉 자신을 사랑함에서부터 시작하여 타인을 사랑하게 됩니다."

   바로 지금 이 순간, 자신을 사랑할 만한 이유를 찾아내야 한다. 고민할 필요가 무엇이 있는가? 이미 나는 맹구부목의 힘들고 고된 인연의 끝을 붙잡고 태어난 유일무이한 존재란 사실만으로도 소중하고 귀하다. 또한 세상 누구보다 자기 자신에 대해 가장 잘 알고 있으니 얼마나 위대한가. 스스로에 대해 부족하다 생각이 들 땐 나를 높이는 유머를 계속 써 나가도록 하자. 세상에서 가장 위대하고 멋진 사람을 일곱 자로 줄이면? 여덟 자로 줄이면? 아마 그토록 자신을 높이는 수식어가 많다는 사실에 놀라게 될 것이다.

03

절망 끝에서
만난 꿈

요즘 오디션 열풍이 한창이다. TV 어느 채널을 틀어도 여러 명의 지원자들이 우르르 나와 심사위원 앞에서 제각각 재능을 펼치고 있다. 그 수많은 지원자들이 어디서 왔을까 싶게 오디션장마다 북새통을 이루며 노래면 노래, 춤이면 춤, 연기에 이르기까지 절박한 심정을 표현한다. 그 모습들을 보고 있자니 대부분 지원자들과 비슷한 또래의 자식을 키우고 있는 아버지로서 대견한 마음과 안쓰러운 마음이 공존한다.

특히나 지금의 오디션 프로그램은 그들의 단편적 재능만 확인하지 않는다. 21세기가 스토리텔링의 시대라서 그런지 지원자들의 사연이 함께 알려지기 때문에 구구절절한 라이프 스토리와 재능 등이 합쳐져 감동과 능력을 함께 보여준다.

그러던 어느 날, 우연히 〈코리아 갓 탤런트〉라는 프로그램을 보게 되었다. 영국의 오디션 프로그램인 〈브리튼스 갓 탤런트〉의 한국판 오디션 프로그램이었던 이곳엔 노래 깨나 한다는 노래꾼, 춤꾼 등 미래의 엔터테이너들이 모여들었다. 아주 어린 친구들부터 노익장을 과시하는 이들까지 다양한 연령층의 오디션이 벌어지는 가운데 유난히 눈에 띄는 청년이 있었다.

지금은 미국 CNN에 소개되고 유튜브 동영상을 통해서도 전 세계적으로 알려진 최성봉 군이었다. 처음 프로그램에 나온 그의 모습은 앳된 청년이었다. 크지 않은 키에 평범한 외모의 그는 소개되는 나이로 보자니 대학생 정도였다. 긴장하고 쭈뼛거리는 모습에 미소가 나오기도 했지만 그 뒤 심사위원과의 이야기를 통해 알게 된 그의 이야기는 충격적이었다. 무슨 일을 하냐는 질문에 '막노동'이라고 답한 그는 과거사를 담담히 털어놓았다.

세 살 때 부모로부터 버림을 받고 고아원으로 가게 된 그는 다섯 살 되던 해 집단 구타 등에 시달리다가 견디지 못하고 차가운 세상으로 나왔다. 다섯 살, 한창 부모의 사랑과 보호 속에 자라야 할 어린 최성봉 군은 거리를 전전하며 노숙을 시작했다고 한다. 구걸을 하기도 하고 공원이나 공중 화장실 등을 잠자리 삼아 살다가 조금 컸을 때는 껌팔이를 하며 거리에서의 생활을 이어갔다. 학교라는 것은 문전에도 가보지 못했고 훗날 초등, 중등 검정

고시로 공부를 했으며 학교라는 곳은 고등학교가 처음이었다고 한다.

그는 어떻게 노래와 만나게 되었을까. 십 수년 동안 거리를 전전하며, 막노동을 전전하며 살던 그가 어느 날 클럽에서 노래하던 성악가를 보았다고 한다. 어수선한 분위기에서도 아름다운 노래를 최선을 다해 부르는 모습에서 큰 위로가 찾아왔다.

'아…. 나도 저렇게 노래 부르고 싶다.'

절망적인 상황에서도 노래에 대한 꿈은 최성봉 군을 빗나가지 않게 붙잡아주었다. 그는 한 번도 노래를 배운 적이 없고 특히 성악이란 전문적인 분야는 더더욱 몰랐지만 그냥 부딪혀보기로 했다. 어렵게 들어간 대전예고에서도 새벽까지 일을 하여 돈을 벌어 학교를 다녔다. 개인 레슨을 할 형편이 되지 못했던 그는 무료로 하는 마스터 클래스에는 무조건 찾아가 기웃거리며 강의를 들었고, 음반을 사서 듣고 따라 부르는 등 거의 독학으로 노래를 불렀다고 한다.

짧은 시간이었지만 그가 살아온 이야기를 하는 동안 심사위원과 방청객, 시청자들에게 진한 감동이 전해져 왔다.

"저는 지금까지 너무 절망적으로 살았어요. 세상에 저 혼자 있다는 생각 속에 살았지만 노래는 그런 생각을 잊게 해 주었습니다. 성악은 한줄기 희망이었습니다. 그래서 그 고마운 노래를 부르고자 이 자리에 섰습니다."

드디어 반주가 시작되었다. 나 역시 그가 어떤 곡을 부를지 사뭇 기대가 되었다. 아름다운 반주가 흐르고 드디어 최성봉 군의 노래가 들렸다.

꿈을 향한 청년의 아름다운 도전이 없었다면 모두의 공감대를 얻어 내지 못했을 것이다. 우리는 절망이란 어두컴컴한 과거를 뚫고 희망이란 빛을 잡은 이들에게 긍정의 에너지를 느낀다. 최성봉 군은 누구보다 불우하고 절망적이었던 과거의 늪에 빠져 있지 않았다. 노래라는 희망의 꿈을 잡고 긍정적인 인생을 선택했다. 그 용감한 선택에 모두가 박수를 쳐준 것이다.

절망적인 순간은 누구에게나 언제나 찾아온다. 그러나 그것을 버티지 못하고 주저앉으면 더 이상의 기회는 오지 않을지도 모른다. 최성봉 군은 희망이 찾아올 것 같지 않은 절망적인 순간을 어린나이에 겪었지만 꿈이라는 긍정 에너지를 붙잡았기에 헤쳐나올 수 있었다. 우리도 마찬가지다. 아무리 힘들고 위기의 순간이 와도 자신을 일어설 수 있게 만드는 꿈을 붙잡아야 한다. 절망과 함께 꿈마저 잃어버리면 안 된다.

'나에겐 이런 꿈이 있다. 이 꿈이 나를 이끌 것이다.'라는 마음을 가질 때, 자신도 모르는 사이 꿈이 자신을 이끌어 가고 있다는 사실을 깨닫게 될 것이다.

04

당신은
혼자가 아니에요

다음은 서울시 글짓기 대회에서 1등을 차지한 초등학교 3학년
아이가 쓴 글이다.

사랑하는 예수님 안녕하세요, 저는 구로동에 사는 ○○이
에요.

우리는 벌집에 살아요. 벌집이 무엇인지 예수님 잘 아시지
요?

한 울타리에 55가구가 사는데요, 방문에 1, 2, 3…. 번호가
쓰여 있고 우리집은 32호에요.

화장실은 동네 공중변소를 쓰는데 아침엔 줄을 길게 서서 차
례를 기다려야 해요.

줄을 설 때마다 21호에 사는 순희 보는 게 부끄러워 참았다가 학교 화장실에 가기도 해요.

우리 식구는 외할머니와 엄마, 여동생이랑 4식구가 살아요.

우리 방은 할머니 말씀대로 라면박스만 해서 4식구가 다 같이 잠을 잘 수가 없어요.

그래서 엄마는 구로2동에 있는 술집에서 주무시고 새벽에 오셔요.

할머니는 운이 좋아야 한 달에 두 번 정도 취로사업장에 가서 일을 하시고 있어요.

아빠는 청송 교도소에 계시는데 엄마는 우리 보고 죽었다고 말해요.

예수님 우리는 참 가난해요.

엄마는 술을 많이 먹어서 간이 나쁘다는데도 매일 술 취해서 엉엉 우시고

우리 보고 "이 애물단지야 왜 태어났니. 같이 죽어버리자." 하실 때가 많아요.

지난 부활절날 제가 이런 엄마 때문에 회개하면서 운 것 예수님도 보셨죠.

저는 예수님이 제 죄 때문에 돌아가셨다는 말을 정말 이해 못했거든요.

그런데 그날은 제가 죄인인 것을 알았어요.

친구들이 우리 엄마 보고 술집 작부라고 하는 말을 듣는 것이 죽기보다 싫었구요.

매일 술 먹고 주정하면서 다 같이 죽자고 하던 엄마가 얼마나 미웠는지 아시죠.

지난 부활절날 제가 '엄마 미워했던 거 용서해주세요.'라고 기도했는데

예수님께서 십자가에서 'ㅇㅇ야 내가 너를 용서한다.'라고 말씀하시는 것 같아

저는 그만 와락 울음을 터트리고 말았어요.

그날 찐 계란 두 개를 갖고 와서 할머니와 어머니께 드리며 처음으로 전도를 했어요.

몸이 아파 누워 계시던 엄마는 화를 내시며 "흥, 구원만 받아서 사냐." 하시면서

"집 주인이 전세금 50만 원에 월세 3만 원 더 올려달라고 하는데 예수님이 구원 말고 50만 원 주시면 내가 예수를 믿지 말라고 해도 믿겠다." 하시는 거예요.

저는 엄마가 예수님을 믿겠다는 말이 신이 나서 기도한 거 예수님도 아시지요?

근데 마침 어린이날 기념 글짓기 대회가 있다면서 담임 선생님이 저를 뽑아서 보내셨어요.

저는 청송에 계신 아버지와 서초동에서 꽃가게를 하며 행복하게 살던 때를 그리워하며

지금의 이야기를 썼거든요.

예수님 그날 제가 1등상을 타고 얼마나 기뻤는지 아시지요?

그날 엄마는 몸이 너무 아파서 술도 못 드시고 울지도 못하셨어요.

그런데 그날 저녁 뜻밖의 손님이 찾아 오셨어요.

글짓기 심사위원장을 맡으신 할아버지 동화작가 선생님이 저희 집을 오신 거예요.

할머니는 대접할 게 없다고 구멍가게에 가서서 사이다 한 병을 사 오셨어요.

할아버지는 엄마에게 똑똑한 아들을 두었으니 힘내라고 위로해 주셨어요.

엄마는 눈물만 줄줄 흘리셨어요.

할아버지는 자신이 지으신 동화책 다섯 권을 놓고 돌아가셨어요.

저는 밤늦게까지 책을 읽다가 깜짝 놀랐어요.

책갈피에서 흰 봉투 하나가 떨어지는 게 아니겠어요.

펴보니 생전 처음 보는 수표가 아니겠어요.

엄마는 깜짝 놀라시며 '세상에 이렇게 고마운 분이 계시다니….' 눈물을 흘리셨어요.

마음속으로 '할아버지께서 가져오셨지만 사실은 예수님께서 주신 거예요.' 말했는데

엄마도 내 마음을 아셨는지

"애야, 예수님이 구원만 주신 것이 아니라 50만 원도 주셨구나." 하며 우셨어요.

너무나 신기한 일이 주일날 또 벌어졌어요.

엄마가 교회에 가겠다고 화장을 엷게 하고 나선 것이에요.

예배에 가신 엄마는 얼마나 우셨는지 두 눈이 솔방울 만해 가지고 집에 오셨더라구요.

"할아버지한테 빨리 편지 써. 엄마가 죽지 않고 열심히 벌어서 꼭 갚는다고."

저는 엄마가 저렇게 변하신 것이 참으로 신기하고 감사했어요.

고마우신 예수님 참 좋으신 예수님 감사합니다.

제가 어른이 될 때까지 동화 할아버지께서 건강하게 사시도록 예수님이 돌봐주세요.

이것만은 꼭 약속해 주세요.

예수님, 이 세상에서 최고로 예수님을 사랑합니다.

초등학교 3학년. 갓 열 살로 접어든 어린 아이의 글이라곤 믿기지 않을 정도로 아릿하고도 진한 감동이 온다.

벌집에 살면서 교도소에 간 아빠와 술집에 다니는 엄마, 그마저도 언제 쫓겨날지 모르는 절망적인 상황에 노출되어 있는 어린아이지만 이 아이는 희망을 잃지 않았다. 자신이 믿는 예수님을 통해 희망을 붙잡았고 그러한 믿음은 좋은 사람을 만나게 해주었다. 작은 기적을 통해 이 아이의 삶은 긍정으로 돌아섰다. 아이 뿐 아니라 그토록 바꾸고 싶던 주변의 가족들도 긍정의 에너지가 전파된 것이다.

아이는 이 일련의 기적을 통해 결코 세상은 혼자가 아니라는 사실을 체험했다. 술에 취해 절망적인 삶에 허우적대던 엄마는 더욱 그러했을 것이다. 엄마를 위해 기도해 주는 아들이 있음에, 또 그 아들로 인해 돌아온 도움의 손길에, 모든 환경을 바꾸어 주는 보이지 않는 손이 있음에 희망을 찾은 것이다.

사회가 급변하면서 인간적인 면도 많이 퇴색되었다고 느낄지 모른다. 사람들은 종종 인색해졌다고, 자기밖에 모른다고 말한다. 하지만 결정적인 순간이 되면 사람만이 희망이라고 말하며 결국 사람이 만들어가는 이 사회에 희망의 불씨를 지핀다. 왜 그럴까. 아무리 사회가 치열하다 해도 우리가 사는 사회는 사람과 사람이 기대어 만들어 나간다는 사실은 부인할 수 없다. 사람 人의 한자가 증명하고 있지 않나.

절망의 순간이 왔을 때 사람들이 좌절하는 것은 혼자라는 고독감 때문이다. 그러나 조금만 시선을 돌리면 혼자가 아님을 알

수 있다. 가깝게는 가족부터 친구, 생각지도 않았던 동화작가 할아버지와 같은 의외의 인물까지 있다. 사람과 사람이 만났을 때 전해지는 온기는 절망이란 냉기를 녹일 수 있으며, 나누는 대화를 통해 돌파구를 찾을 수 있다. 분명 우리 주변에는 긍정을 전해 줄 손길이 있다. 그토록 행복을 찾던 소년이 절망의 순간에서도 보이지 않는 하나님을 의지하며 긍정을 회복한 것처럼, 보이지 않는 손길이 있음을 믿길 바랄 뿐이다.

05

삶의 균형을
잡아라

언젠가 인디언들의 우화를 들은 적이 있다. 인디언들은 아마도 이 지구상에서 원시 부족과 함께 가장 자연과 친한 사람들이라고 할 수 있을 것이다. 자연을 친구 삼아 살아가는 그들은 자연에서 살아가야 할 방법을 스스로 터득한다. 그런 인디언들의 우화를 여러 개 들었는데 가장 기억에 남는 것을 소개해주고자 한다. 그것은 바로 강을 건너는 방법이다. 보통 평지에서 생활하는 인디언이기에 강을 건널 일이 많지 않지만 먼 길을 떠나며 강을 건널 일이 생길 때가 있다고 한다. 그리고 그럴 땐 좀 특이한 방법을 쓴다고 한다.

강 중간 중간에 돌덩어리를 놓고 그 위를 건너는데 거기까진 우리와 비슷한 방법이라고 할 수 있겠다. 그런데 이것을 넘어서 우리와는 다르게 그들은 강을 건널 때 반드시 등에 무거운 짐을 지고 간다고 한다. 그 이유가 궁금해서 그것을 물어보니 무거운 짐을 지어야 거센 물살에도 흔들리지 않고 자신의 길을 갈 수 있기 때문이라는 이야기를 들었다. 등에 짐이 있어야 몸의 균형이 잡혀서 급하게 건너지도 않고 성급하거나 방심하지도 않으며 앞으로 쏠리거나 넘어지는 일을 방지할 수 있다는 것이었다. 그 이야기를 들으며 인디언들의 지혜에 사뭇 감탄한 적이 있다.

생각해보면 인디언의 지혜가 우리의 옛날 시골에서의 삶에도 있었던 것 같다. 예전에 시골에서 자랄 때에는 집안일을 돕기 위해 나뭇짐도 하고 논일도 해야 했다. 산에 나무를 하러 갈 때면 아버지는 늘 지게를 등에 지셨다. 심지어 오르막길에서도 그 짐을 그대로 진 채로 아버지는 길을 오르곤 하셨다. 몸을 가볍게 해야 오르기 쉬운 게 분명한데도 묵직한 지게를 꼭 지고 계시는 것이었다. 나는 궁금해서 아버지에게 물어보았다.

"아버지, 오르막길에서는 그 짐을 벗어야 더 쉽게 오르실 수 있을 것 같아요. 그 무거운 지게는 그만 벗어버리세요."

"음… 이래야 중심이 잘 잡힌단다. 적당히 짐을 지고 있어야 넘어지지 않아."

그때는 그런가보다 했는데 지나고 보니 그것이 지혜였다.

아마 아버지나 인디언들이나 등에 진 짐의 소중함을 이전에 깨달았던 것 같다. 그 무게가 자신을 넘어지지 않게 해주었던 것이다.

　인생길을 걷다 보면 등에 져야 할 짐이 많다는 것을 느낀다. 한 가정의 가장으로서 지고 있는 짐이 있을 것이고, 한 가정의 어머니로서도 그렇다. 할머니도 그렇고, 심지어 아이들도 나름대로 자기 삶에 지고 있는 것들이 있다. 아마 한 사람도 짐이 없는 이들은 없을 것이다. 어떤 이들은 자신의 짐이 너무 무겁다며 불평하고 때론 억지로 내려놓으려 한다. 그러나 내려놓으면 날아갈 것 같겠지만 현실은 그렇지 않다. 가장으로서의 짐이 무겁다고 그 짐을 내려놓고 일을 안 하고 자기 마음대로 쉰다고 해보자. 금방 가정은 위기를 맞이하게 될 것이다. 이처럼 우리가 가지고 있는 삶의 짐을 내려놓을 때 오히려 앞으로 고꾸라질 수 있다. 그렇기에 우리는 오히려 삶의 짐에 대하여 감사하는 마음을 가져야 한다.

　예전에 '대문 열고 들어가면 문제없는 집 없다'는 말을 나는 종종 듣곤 했다. 그것은 누구나 문제를 안고 살기 때문에 낙심하지 말라는 의미일 것이다. 그러므로 자신의 등에 얹혀 있는 등짐을 자신이 교만하지 않으려고 하는 마음의 추라고 여겼으면 좋겠다. 또한 자신의 등에 얹혀 있는 짐을 잘 지고 갔을 때 우리는 점점 더 성숙한 삶을 살아갈 수 있게 된다. 마치 무거운 짐을 지고 가는 사람이 다리근육이 붙고 어깨근육이 늘어나듯이 인생의 짐을 진 사람도 짐을 지면서 인생의 역경을 이겨내는 근육이 점점 붙기 때문이다.

그런 의미에서 정호승 시인의 〈내 등에 짐〉이란 시를 꺼내어 본다. 절망적인 상황에서 긍정을 찾는 이들에게 너무도 위로가 되는 글일 것이다.

내 등에 짐

정호승

내 등에 짐이 없었다면
나는 세상을 바로 살지 못했을 것입니다
내 등에 있는 짐 때문에 늘 조심하면서 바르게
성실하게 살아왔습니다
이제 보니 내 등의 짐은 나를 바르게 살도록 한
귀한 선물이었습니다
내 등에 짐이 없었다면
나는 사랑을 몰랐을 것입니다
내 등에 있는 짐의 무게로 남의 고통을 느꼈고
이를 통해 사랑과 용서도 알았습니다

이제 보니 내 등의 짐은 나에게 사랑을 가르쳐

준 귀한 선물입니다

내 등에 짐이 없었다면

나는 겸손과 소박한 기쁨을 몰랐을 것입니다

내 등의 짐 때문에 나는 늘 나를 낮추고 소박하게

살아왔습니다

이제 보니 내 등의 짐은 나에게 기쁨을 전해 준

귀한 선물이었습니다

물살이 센 냇물을 건널 때는 등에 짐이 있어야

물에 휩쓸리지 않고

화물차가 언덕을 오를 때는 짐을 실어야 헛바퀴가

돌지 않듯이

내 등에 짐이 나를 불의와 안일의 물결에

휩쓸리지 않게 했으며

삶의 고개 하나 하나를 잘 넘게 하였습니다

내 나라의 짐, 가족의 짐, 직장의 짐, 가난의 짐

몸이 아픈 짐, 슬픈 이별의 짐들이

내 삶을 감당하는 힘이 되어

오늘도 최선의 삶을 살게 합니다.

06

즐기는 사람 위에
미친 사람

인터넷상에서 꽤나 알려진 지리산에 미친 사람 성락건 선생의
산행 육하원칙을 소개한다.

하나. 언제 산으로 가나.

봄이 좋다. 가을은 더 좋다. 여름도 괜찮다. 겨울은 시리도록
좋다.

자기가 좋아하는 계절이 영락없이 더 좋다.

괴로울 때 가라. 기쁠 때나 외로울 때도 가라.

바람 부는 날. 비 오는 날. 눈 오는 날. 눈이 부시게 푸른 날.

천둥치고 번개 치는 날. 달 밝은 날.

미쳤다고 생각되는 날까지 가라.

둘. 어느 산을 갈 것인가.

가까운 산 몇 번 간 후에. 먼 산으로 달려가라.

낮은 산 오르고. 높은 산 올라라.

유명하고 아름다운 산은 자꾸만 가라.

셋. 누구하고 갈 것인가.

많으면 많을수록 좋고. 적다면 적어서 좋다.

서넛이면 여러 가지로 좋고. 둘이면 손잡기 좋고.

혼자면 마음대로라 좋다.

홀로 가면 바람과 구름. 나무와 새. 꽃과 나비를 몽땅 가슴에
담을 수 있어 좋을뿐더러.

자연과 친구가 될 수 있어 희한하게 좋다.

넷. 산에 가서 무엇을 하나.

기진할 때까지 방황하다 쓰러져라.

두려움조차 내 것으로 껴안아라.

새소리도 흉내 내보고. 나뭇잎에 편지라도 적어보라.

향기에 취해서 야생화를 뺨에 비벼보라.

도토리 한 알 주워 친구에게 선물해보라.

산정에서는 고함보다 침묵이. 침묵보다 명상이 엄청 더 좋다.

다섯. 어떻게 산에 가면 좋은가. 발가벗고 가라.

허위와 영악함 부끄러움과 더러움을 가져주는 옷과 넥타이.

모자. 양말까지 벗고 가라.

그렇게 하면 솔바람에 마음을 정갈히 빗질할 수 있고.

맑은 계곡물에 더러움과 영악함을 헹구기 쉽다.

여섯. 왜 산에 가는가.

산이 있기에 간다. 우린 어쩔 수 없이 그렇게 태어났다.

대답하기 어려우면 존재론으로. 더 곤란하면 운명론으로 돌려라.

더더욱 곤경에 처하면 되물어라.

"당신은 왜 산에 안 가는가?"

그의 산 사랑이 어느 정도인지 가늠할 수 있는 글이란 생각이 든다. 문학 기행이나 모임을 통해 등산을 자주 하는 나로서도 그가 과연 산에 미쳐있구나 하는 생각이 들 정도다. 하지만 그의 과한 애정이 너무 넘친다는 생각보다는 산에 도통했다는 생각이 더 든다.

앞서 노력하는 자는 즐기는 자를 따를 수 없다는 이야기를 했으나, 이번 장에서는 그보다 한 단계 더 나아가는 이야기를 하고자 한다. 아마 산행육하원칙에서 짐작했겠지만 이번에는 삶에 미친 사람들에 관한 이야기를 하려고 한다.

일본 보험업계에서 15년간 전국 실적 1등을 차지했던 '하라이치 헤이라'라는 사람이 있다. 세일즈의 신이라 불렸던 그의 키는 145cm에 불과하다. 외형적으로 볼품없는 그인데다 어린 시절 너무 불우하게 자랐다. 어릴 적 그는 먹을 것도 잘 곳도 없어 공원을 배회하기 일쑤였고 나쁜 짓이란 나쁜 짓은 다 할 정도여서 선생님을 칼로 찌르기까지 하는 등 최악의 문제아였다. 남들은 그를 보고 인간쓰레기라고 손가락질을 했다.

그러던 그가 어떻게 성공신화를 쓰게 되었을까. 사회에 나와서 밥벌이를 해야 했던 그가 뛰어든 곳은 보험업계였다. 배운 것도 없고 갖춘 것도 없던 그였지만 보험이란 분야에 투신하기로 작정한 그는 69세에 은퇴할 때까지 미친 듯이 일했다. 그러다 보니 15년간 보험판매 1등 기록을 유지할 수 있었다.

은퇴 후 기자회견을 가졌을 때 어떤 기자가 그에게 영업의 비결이 무엇이냐고 물었다. 그러자 그는 자신의 발을 한번 만져보라고 발을 내밀었다. 그러자 그의 발은 갈라지고 터진 데다 딱딱한 돌덩이와 같이 굳은살이 단단히 박혀있었다.

"저는 그저 남보다 많이 걷고 뛰었을 뿐입니다. 세일즈를 하고 있지 않을 때는 세일즈에 대한 이야기를 했습니다. 그리고 세일즈에 대한 이야기를 하고 있지 않을 때는 세일즈에 대한 생각을 하고 있었습니다."

그의 성공 비결은 한마디로 세일즈에 미치는 것이었다.

불광불급不狂不及 즉 미치지 않고서야 이르지 못한다는 의미를 생각하게 해준다.

지금까지 한 번도 주변으로부터 미쳤다는 소리를 들어보지 못했다면 반성을 해봐야 한다. 그만큼 앞뒤 가리지 않고 열정적으로 살지 않았다는 표현이 될 수도 있기 때문이다. 즐기며 일하는 것도 삶을 긍정적 적극적으로 바꾸는 방법이 될 수 있으나, 이제는 한 단계 더 업그레이드시켜 미쳤단 소리 들을 정도로 푹 빠져보길 권한다. 나 역시 경험이 있었기에 이야기할 수 있지만, 미쳐 있을 때의 집중력과 시너지 효과는 정말로 탁월하다.

07

고난이 주는
축복

나무박사 우종영 씨가 쓴 『나는 나무처럼 살고 싶다』라는 책에 보면 회양목에 대한 이야기가 나온다. 회양목은 겉으로 보기에는 별로 볼 것이 없는 나무다. 나무 폭이 15~20cm 정도밖에 되지 않는 데다가 키도 크지 않다. 그런데 이 나무는 볼거리는 별로 없지만 아주 단단하고 견고한 나무라고 한다. 다른 나무들이 키와 둘레를 키우고 무성한 잎과 열매를 맺을 때 이 회양목은 오랜 시간 동안 자신의 속을 다진다고 한다. 그렇게 다져진 회양목은 어떤 나무와도 비교할 수 없을 만큼 조직이 치밀하고 단단하다. 그래서 이 회양목으로 만든 도장이 가장 좋다고 한다.

시련은 시간과의 싸움이 아닐까 싶다. 시련이 다가왔을 때 얼마나 인내를 가지고 견뎌내느냐가 시련을 견디냐, 견디지 못하느냐를 결정짓게 된다. 인내를 가지지 못하면 시련에 패배하게 된다. 반대로 인내를 가지고 시련을 이겨내면 어느새 우리의 모습이 예전과는 달라져 있음을 알 수 있다. 시련이 우리의 인생근육을 단단하게 키워준다.

우리나라 음식이 세계적인 건강식으로 알려지게 된 것은 발효와 숙성이라는 놀라운 비밀이 음식에 숨겨져 있기 때문이다. 발효 과학이라는 말이 생겨났을 만큼 발효는 우리 몸에 좋은 균을 만들어내는 데에 탁월한 능력을 지니고 있다. 그런데 생각해보면 발효는 인내하는 것이다. 긴 시간을 어둠 속에서 장독대 안에서 갇혀 인내함으로써 새롭게 거듭나게 되는 것이 바로 발효라는 것이다.

우리네 삶도 마찬가지다. 절망이 다가온다 할지라도, 아무 것도 되는 일이 없이 좌절하고 낙심하게 되는 일만 발생한다 할지라도 멈추면 안 된다. 그 시간은 회양목이 서서히 자라나는 시간이요, 근육이 수축과 이완을 통해 서서히 자리 잡는 시간이요, 절망이 숙성하여 희망으로 변해가는 순간이다. 그렇기에 절망이라는 숙성 기간을 받아들여야 한다.

그럴 때 자신을 격려해야 한다. 자신에게 있는 긍정적인 요소들을 바라보라. 자신에게 있는 감사할 거리를 생각해보라. 그때 상황이 바뀌고 우리는 온전히 새로운 모습으로 거듭날 수 있게 된다. 2000년 전의 맹자도 절망을 숙성 기간으로 보라고 말하고 있다. 그의 말을 다시 한 번 숙고해보자.

"하늘이 장차 그 사람에게 큰 사명을 주려 할 때는 반드시 먼저 그의 마음과 뜻을 흔들어 고통스럽게 하고 그 힘줄과 뼈를 굶주리게 하여 궁핍하게 만들어 그가 하고자 하는 일을 흔들고 어지럽게 하나니 그것은 타고난 작고 못난 성품을 인내로써 담금질하여 하늘의 사명을 능히 감당할 만하도록 그 기국과 역량을 키워주기 위함이다. 작금의 시련과 역경은 나를 단련시켜 크게 사용하려고 하는 것이다."

08

이익에
눈멀지 말자

남아프리카에는 스프링복이라 불리는 양 떼들이 있다. 평소 양 떼들은 소규모로 무리지어 있을 때 한가롭게 풀을 뜯으며 시간을 보낸다. 그러나 양들의 규모가 조금씩 늘어나 숫자가 많아지면 상황은 달라진다. 무리 맨 뒤에 있는 양들은 뜯어먹을 풀이 거의 없기 때문에 조금이라도 앞으로 나가 풀을 뜯으려 경쟁을 한다. 그렇게 시작된 경쟁 때문에 모든 양들의 서열을 흔들어 놓는다. 뒤에서부터 시작된 경쟁이 조금씩 앞으로 전달되면서 결국 양들은 뛰기 시작한다. 그렇게 시작된 뜀박질로 모든 양들은 풀을 뜯을 새도 없이 덩달아 뛰게 되고, 달리는 것에 경쟁이 붙어 숨 없이 달리는 데에만 열중하는 것이다. 성난 파도처럼 뛰던 양 떼들은 결국 해안 절벽에 도달하게 된다. 멈춰야 하는데 워낙 빠른 속도로 돌진하다보니 멈출 새가 없이 모두 바다로 떨어져 비참한 최후를 맞이하게 된 것이다. 자기 눈앞에 있는 풀만을 위해 달린 결과가 참혹하기 그지없다.

'갈택이어竭澤而漁'라는 고사성어가 있다. 연못의 물을 모두 퍼내어 고기를 잡는다는 의미로 눈앞의 이익만 추구하여 미래를 생각하지 않을 때 쓰인다. 이 고사성어의 어원은 중국 춘추시대로 거슬러 올라간다. 춘추시대 진나라의 문공이란 사람은 성복이란 곳에서 초나라와 일대 접전을 벌이게 된다. 그런데 초나라 군사가 진나라 군사보다 훨씬 많았고 병력도 막강해 보였다. 문공은 궁리를 하기 시작했다. 그러다가 호언이란 자에게 조언을 구했고, 그에게선 이런 대답이 돌아왔다.

"예절을 중시하는 자는 번거로움을 두려워하지 않고, 싸움에 능한 자는 속임수를 쓰는 것을 싫어하지 않는다고 들었습니다. 속임수를 한번 써 보시지요."

문공은 다시 이옹이란 자에게 조언을 구했다.

"저는 그 의견에 같이할 수 없습니다. 그렇다고 별다른 방법이 있는 건 아닙니다. 다만 못의 물을 모두 퍼내어 물고기를 잡으면 잡지 못할 리 없지만 훗날에는 잡을 물고기가 없을 것이고 산의 나무를 모두 태워 짐승들을 잡으면 물론 잡겠지만 뒷날 잡을 짐승이 없을 것입니다. 지금 속임수를 써서 위기를 모면한다 해도 임시방편일 뿐입니다."

이에 문공은 눈앞의 이익을 추구하는 속임수가 아닌 정공법으로 진나라와 싸웠다고 한다. 갈택이어는 이옹의 조언에서 유래한 말로, 눈앞의 이익을 추구할 때 사용하는 고사성어가 되었다.

"오늘날 우리 사회의 가장 큰 위기는 가치의 위기다. 사람들은 '무엇' 이전에 '왜'라는 존재의 가치에 대해 질문하는 것을 이해하지 못하기에 스스로에 대한 확신을 갖지 못한다. 그들은 늘 불안하고, 불편할지도 모른다. 그들은 더 이상 자신의 일이 얼마나 가치 있는 일이며, 열심히 일하면 성공할 것이라는 사실을 인식하지 않고 있다. 사람들은 가치관이 결여된 노동을 하며 미래를 보장받을 수 없다는 불안으로 불행하게 살 것이다. 우리는 불행하지 않기 위해, 자신의 삶에 의미와 자신의 행동에 가치를 부여해야 한다. 어려운 상황에서 삶의 목적을 찾는 사람들의 욕구를 절대로 과소평가해서는 안 된다. 이것은 인간의 가장 근본적인 열망이고 가장 가치 있는 일이다."

『보이지 않는 고객』의 저자 칼 알브레이히트는 책을 통해 이렇게 말했다. "가치와 사명은 이익과 같은 대열에서 비교하고 설명할 수 없다." 다시 말해 차원이 다른 것이다. 이익만을 좇는 자가 가치와 사명에 따르는 일은 쉽지 않지만, 가치와 사명에 입각한 삶을 사는 사람들에겐 상상하지 못할 이익이 따라올 수 있다. 존재하기 위한 삶을 살지, 소유하기 위한 삶을 살아갈지는 스스로 선택하는 것이다.

본인이 현재 어떠한 사명을 가지고 사는지 알아야 한다. 만약 자신을 움직일 어떠한 가치도 없이 살아간다면 이제부터 심각하게 생각해 보아야 한다. 나는 왜 사는가? 왜 날마다 아침 일찍 일어나 일을 하러 나가는 것인지, 다시 생각해야 한다. 이익에 따라 생활하고 있다면, 과감하게 역발상 해야 한다. 나는 어떠한 가치와 사명으로 그 이익을 쫓는 것인지.

목적이 이끄는 삶이 인생을 좌우한다. '인생이 왜 존재하는가?'란 질문의 대답은 바로 '사명'이다. 자신이 이 땅에 사는 목적이 무엇인지 인식하고, 어떤 일을 위해 살아가고 있는지 정의할 수 있을 때 그것은 자신에게 주어진 고유한 사명이 될 것이다.

얼마 전『나의 사명 선언문』이란 책이 상당한 인기를 끌었다. 그만큼 정보와 물질이 넘쳐나는 시대에 살고 있지만 정작 자신에게 주어진 사명을 늘 찾고 고민하는 이들이 많다는 말 아니겠는가. 우리가 궁극적으로 긍정적인 삶을 살기 위해서는 먼저 자신의 존재를 깨닫고, 사명을 인식하며, 가치대로 살아가는 것에서 시작되어야 할 것이다. 그렇게 될 때 그 과정에서 찾아오는 자긍심에서 긍정의 에너지도 힘을 발휘하게 될 테니. 기억하길 바란다. 자신의 사명을 깨달은 날이 생애 최고의 날이며 그때부터 긍정의 날이 펼쳐질 것이라는 것을.

09

개성이
밥 먹여준다

이제는 개성의 시대다. 우리나라가 아무리 성형의 천국이라 할지라도 천편일률적인 외모 지상주의에 일희일비할 필요는 없다. 외모는 외모일 뿐이다. '예쁘다'에 대한 역발상이 필요하다. 눈 코 입의 완벽한 조화와 S라인의 몸매가 제일이라고 생각하는 자가 있다면, 남자든 여자든 그런 사람은 가려 만나라. '예뻐야 성공한다'는 발상에서 '예쁘게 승화시켜야 성공한다'는 발상으로 변해야 한다.

얼마 전 일본 아사히신문은 시니어 페이지를 통해 중장년들에게 좋은 소식을 전했다. 그들은 중장년층이 더 이상 노쇠하지 않고 활기차게 보이도록 변신시키는 프로그램을 진행하기 위해서

였다. 이는 중년층의 외모에 대한 낮은 자존감을 역발상으로 전환시키는 것이다.

중년층의 자신감마저 앗아가 버리는 것 중에 하나가 헤어스타일이다. 머리칼이 하얗게 세고 듬성듬성 빠지고 벗어진 것은 중년의 중후함이 아닌 부끄러움이라고 생각한다. 변신 프로그램에서는 외모를 오히려 자신감으로 승화하려는 역발상을 보여주었다. 머리가 벗겨진 사람들은 대부분 어떤 식으로든 벗어진 부분을 가리려 안간힘을 쏟고 머리카락을 길러 조금이라도 머리숱이 많아 보이도록 하여 어정쩡한 염색으로 가리려고 한다는 관념을 완전히 깼다.

스타일리스트들은 정형화된 헤어스타일을 벗어나 비어있는 부분을 오히려 강조했다. 또한 길게 기른 헤어를 짧게 자르면서 있는 그대로 보여주는 것이다. '나 머리숱 없어요. 내 머리칼은 하얗습니다. 하지만 자신 있어 보이지 않나요?'라는 메시지를 외모로 보여준다는 것이다. 실제 이 프로그램에서 시도했던 헤어스타일을 보니 과연 훨씬 세련되면서 새로운 아저씨 머리 스타일이었다. 외모를 바라보는 역발상이 자신감을 불어넣어 준 것이다.

외모는 사람을 돋보일 수 있는 장점이다. 그러나 꼭 아름다운 외모만이 장점으로 작용하는 것은 아니다. 외모의 선입견을 과감히 버리되 외모의 차별성에 집중할 필요가 있다.

마시멜로 이야기로 선풍적인 인기를 이끌었던 작가 호야 킴 데 포사다의 신작『바보 빅터』가 있다. 그 책에는 여자 주인공 로라가 외모로 인해 삶의 의지를 잃고 있는 내용이 나온다. 로라는 어릴 때부터 무척 예쁜 외모로 모든 사람들의 칭송을 받았다. 너무 귀엽고 깜찍한 나머지 유괴를 당할 뻔하기도 했는데, 아버지는 그런 딸이 불안해 딸에게 못난이라는 별명을 붙여준다. 별명이라도 못난이라고 불러야 덜 위험해질 거란 생각이었다. 약간의 효과도 보였다.

그러나 문제는 로라 자신에게 생겼다. 여기저기에서 못난이라고 불리자 로라는 극심한 외모 콤플렉스를 겪기 시작했다. 어디에 가든 자신감이 사라지고 사람들 앞에 나서는 일이 싫으며 절망감에 빠진 것이다.

'나는 할 수 없을 거야.' '내가 어떻게 할 수 있겠어.' '내 주제에 무슨….'

이러한 자괴감은 끝내 로라의 생각과 의식을 정지시켜 행복할 수도 일을 할 수도 생각을 할 수도 없었다. 로라는 남의 허드렛일이나 하며 밑바닥 인생을 살았고 누군가 아름답단 얘기를 하면 자신을 놀리는 것이라 생각하여 불쾌했다.

그러던 어느 날 암기왕 잭의 출현으로 모든 비밀이 풀린다. 잭은 암기왕 빅터의 이야기를 해 준다. 그의 아이큐가 원래 173이었지만 담임선생님의 편견으로 앞자리 1을 놓친 뒤 73으로 이야기 했고 그것을 계기로 바보로 여기며 살았다는 것이다. 또한 생방송 쇼 프로그램에 자신의 이야기를 상담하게 된 로라가 부모님으로부터 못난이란 별명이 어떻게 생겨나게 되었는지 그 내막을 듣게 된다. 악의로 만들어진 것이 아니라 자기 자신을 믿지 못했기에 인생을 허비하며 살았다는 것을 뒤늦게 알게 된 것이다.

자기 자신에 대한 지나친 선입견은 천재를 바보로, 미인을 극심한 스트레스에 시달리는 추녀로 살게 만든다. 로라가 만약 자신의 외모를 판단하는 기준에 얽매이는 것이 아니라 자신을 믿고 자신만의 기준을 세웠더라면 행복했을 것이다.

외모가 경쟁력이 되는 시대다. 그러나 이제는 그 앞에 개성 있는 외모라는 수식어가 붙는 시대다. 천편일률적인 외형은 잠시 동안 눈길을 끌 뿐이다. 조금 생기다 말았다고 해도 그만이 가진 장점을 살리거나, 자신감 넘치는 표정만으로도 대세가 되는 세상이다. 10대 청소년들에게 욕을 먹을 지도 모르겠으나, 10대들의 우상이라고도 하는 몇몇 아이돌 스타들 중에도 기존 외모의 판단에 빗나가는 친구들도 있다. 어른 세대에 속하는 나로서는 그들이 화면에 나오는 모습을 보며 갸우뚱하기도 했다. 시대가 많이 바뀌었단 생각을 하는데 아들 녀석이 친절한 설명을 붙여 주었다.

"아버지, 개성 시대잖아요. 요즘 꽃미남도 한물 갔어요."

그러고 보니 그 아이돌 그룹의 조화가 참으로 잘 이루어져 있었다. 조금은 난해하지만 패션 감각이나 헤어스타일, 무엇보다 자신감으로 똘똘 뭉친 표정과 바디 랭귀지가 보는 사람의 시선을 충분히 잡아끄는 매력이 있었다.

이미 외모의 역발상이 유행을 이끌어가고 있었던 것이다. 그 친구들의 외모가 기존의 미를 판단하는 기준에는 미치지 못할지언정 그들만의 개성을 120% 발휘하고 있었다. 그러한 자신감과 외모의 역발상이 참 신선한 자극이 된다.

바보 빅터에 등장하는 최고 컴퓨터 기업의 테일러 회장의 말에 귀를 기울일 필요가 있다.

"자네가 아무리 세상의 기준과 다른 길을 가고 있더라도 자네 스스로 자신을 믿는다면 누군가는 알아줄 거야. 내가 이렇게 자네의 가능성을 발견한 것처럼 말이지. 하지만 반대로 자네가 자신을 믿지 못한다면 그 누구도 자넬 믿어주지 않을 걸세."

지금은 개성이 밥 먹여주는 시대다. 외모를 바라보는 역발상이 필요하다. 물론 그 속엔 자기 자신을 믿는 믿음이 수반되어야 할 것이다. 정신은 행동을 지배하고, 믿음은 외모를 지배한다. 자신의 외모에 살아 숨 쉬고 있는 1%의 가능성을 살려야 한다. 그 가능성을 개성으로 승화시킬 때 당신은 외모의 승부사라는 역발상의 주인공이 될 수 있다.

10

배려

어떤 사람이 식당을 찾았다. 허름하지만 음식 맛이 깔끔하기로 소문난 집이었기에 물어물어 찾아간 것이다. 자리에 앉아 주문을 하려는데 마침 남루한 차림의 할아버지 한 분이 식당에 들어오셨다. 그러자 주방에 계시던 주인아주머니께서 환한 미소를 지으며 카운터 안쪽에 특별히 준비된 메뉴판을 들고 나오셨다. 슬쩍 쳐다보니 그 메뉴판에는 VIP용이라고 쓰여 있었다. 할아버지는 그 메뉴판을 보곤 식사를 주문하셨다.

그는 순간적으로 욱하는 마음이 올라왔다. 똑같은 손님인데 누구는 특별하고 누구는 특별하지 않은가 싶어 기분이 상했다. 하지만 꾹 참고 자신도 일반용 메뉴판을 보고 주문을 한 뒤 식사

를 했다. 소문대로 맛은 기가 막혔다. 그런데 한편으론 할아버지
께 드린 메뉴판이 궁금해졌다. 할아버지가 식사를 마치고 돌아
가신 뒤 그 메뉴판을 슬쩍 들여다보았다. 그가 본 메뉴판은 VIP
용 메뉴판이 아니었다. 오히려 원래 가격보다 1/3이 낮춰진 가격
이 적혀 있는 메뉴판이었다. 터무니없는 가격이 적힌 메뉴판을
보면서 자신에겐 더 높은 값을 모두를 받았다는 생각이 들어 그
는 더욱 기분이 상했다.

그때 주인아주머니께서 다가와 이런 말씀을 하셨다.

"손님, 오해하지 마세요. 아까 그 할아버지는 혼자서 외롭게 사
시는 분인데 공짜로 식사를 드리려고 하면 식사를 안 하셔서 이
렇게 하고 있어요."

순간 얼굴이 벌겋게 달아올랐다. 잠깐이지만 할아버지와 자
신을 차별한다고 불쾌해 했던 자신이 너무도 부끄러웠기 때문이
다. 그는 그날로 그 식당의 단골이 되었다. 맛도 있었지만 주인
아주머니의 배려심 깊은 행동을 지켜보며 본을 삼고 싶은 이유
도 컸다.

아동 작가 채인선 씨의 『아름다운 가치사전』을 보면 아이들이
꼭 알아야 할 아름다운 가치에 대해 말하고 있는데, 그중에서 배
려에 대한 내용 몇 가지를 소개할까 한다.

배려란, 다른 사람에게 방해가 되지 않도록 영화가 시작되

기 전에 손 전화를 꺼두는 것.

배려란, 화분을 햇빛이 드는 곳으로 옮겨 주는 것.

배려란, 텔레비전 켜기 전에 책을 읽고 있는 형에게 먼저 묻는 것.

배려란, 산책로에서 자전거가 지나갈 때 한쪽에 서서 길을 비켜주는 것.

배려란, 친구를 위해 걸음을 천천히 걷는 것, 걸으면서 같이 이야기하는 것.

배려란, 밥 먹을 때 할머니께서 잘 드시는 음식을 할머니 가까이 놓아 드리는 것.

정말 작은 말과 행동이지만 그 마음에서 상대방을 생각하는 마음이 깊고도 크다는 생각이 들 것이다. 사람과 사람이 사는 세상에 배려는 너무도 훌륭한 미덕이다. 사람 사이에 배려하는 마음이 있을 때 긍정적인 삶의 자세가 생긴다. 긍정적인 마음은 자신에 대한 좋은 마음과 동시에 다른 사람들에 대해 좋은 마음을 갖는 것이다. 상대방이 어떻게 하면 더 편안하게 느낄 수 있을까 생각하는 마음에서 이미 긍정적인 생각이 흘러나온다. 그러니 배려가 긍정 에너지가 되는 것은 당연하다.

노벨상 수상작 『대지』를 쓴 펄벅 여사가 우리나라를 방문했을 때였다. 당시만 해도 우리나라가 전쟁 후 농촌사회에서 산업사

회로 진입하려던 시기였기에 못사는 것은 당연했다. 펄벅 여사는 경주 고적지를 보려고 기차를 타고 달렸다. 그때 기차 밖에서 보이는 풍경이 그녀를 잡아끌었다. 한 농부가 볏단을 실은 소달구지를 몰고 가고 있었는데 농부 어깨에도 적지 않은 양의 볏단이 얹혀 있는 것이다.

"아니, 저 농부는 왜 볏단을 지고 갑니까? 달구지에 싣고 가도 되잖아요."

"저건 소가 너무 힘들까 봐 거들어 주는 겁니다. 저런 풍경은 우리나라에선 흔히 볼 수 있는 일입니다."

그러자 펄벅 여사는 이런 말을 했다. 자신은 이미 한국에서 보고 싶은 걸 다 보았다고. 농부가 소의 짐을 대신 거들어 주는 모습 하나만으로도 한국의 위대함을 충분히 느꼈노라고.

이처럼 우리는 태생적으로 배려하는 민족이다. 배려의 유전인자를 잊어서는 안 된다. 어려운 사람을 위해 다른 메뉴판을 특별히 만드는 수고를 하지 않고서라도 배려할 수 있는 것은 얼마든지 있다. 햇볕이 필요한 화분을 창가로 옮겨주고, 좁은 길에서 기꺼이 길을 비켜주며 꾸벅꾸벅 조는 사람을 위해 말소리를 낮추는 것 모두 배려가 된다. 결국 그 배려는 자신에게도 좋은 에너지를 전달하여 사람과 사람이 사는 세상을 긍정으로 연결시킬 것이다.

11

바보처럼 꿈꾸고
상상하고 모험하라

행복한 바보들이 사는 마을 켈름이 있었다. 그곳엔 바보라 불리는 사람들이 살지만 그들은 너무나 행복하게 살았다. 마을에는 그로남이라는 현자가 통치하고 있었다. 하루는 켈름의 호수에서 큰 잉어가 잡혔다. 지금까지 잡힌 잉어 중 가장 큰 잉어였는데 그 잉어가 그로남의 얼굴을 후려쳤다. 마을 사람들은 이 버릇없는 잉어에게 혼쭐을 내기로 결정한다.

"어떤 방법이 좋을까요?"

"아주 큰 벌이 좋을 것 같아요."

마을의 장로들은 머리를 맞대고 어떤 큰 벌이 좋을까 고심을 거듭했다.

"일단 최종 판결이 나올 때까지 이 버릇없는 잉어를 물통에 가

뒤 살려둡시다."

그리고 반년이 흘러 최종판결이 내려졌다. 아주 큰 벌이었다.

"잉어를 물에 빠뜨려 익사시킨다. 만일의 경우, 그 버릇없는 잉어가 물에 빠져 죽기를 거부해 다시 잡히면 특수한 감옥인 연못에 죄수를 가두어 놓는다."

이 이야기를 듣고 어떤 기분이 드는가. 바보 같다는 생각보다 마치 현실의 턱을 한 단계 넘어선 이들의 지혜가 느껴질 것이다.

노벨상 수상자로 널리 알려진 아이작 싱어의 『행복한 바보들이 사는 마을, 켈름』에 나오는 이 이야기는 동화이기도 우화이기도 한 스물 두 편의 이야기 중 한 편이다. 마치 어린이들의 순수한 동심을 엿볼 수 있기도 한 훈훈한 이야기다.

이 책을 읽고 있으면 행복한 바보들이 사는 마을인 켈름에서 살고 싶다는 생각이 든다. 우리가 너무 똑똑한 시대를 살고 있어서다. 바보 철학을 통해 얻을 수 있는 긍정의 에너지는 대단하다. 상식을 의심하는 역발상의 시도, 잡을 수 없을 것 같은 꿈을 꾸지만 결국 그러한 꿈꾸기가 현실을 바꾼다. 앞뒤 재지 않고 도전에 뛰어드는 열정, 때론 대범하고 때론 디테일한 삶의 자세, 자신의 것을 취하기보다 아낌없이 나눠줄 수 있는 배려와 늘 웃을 수 있는 긍정의 에너지는 스스로 바보가 되는 것에서 시작된다.

지금까지 긍정의 힘에 대해 이야기했던 모든 이야기가 요약되어 있는 듯하다. 일본 굴지의 기업 혼다의 창업자인 혼다 소이치로도 "머리가 좋으면 성공하는데 오히려 방해가 된다. 바보처럼 철저히 몰입할 수 없기 때문이다. 머리 좋은 것은 오히려 방해가 된다. 무턱대고 도전하고 웃으며 바보처럼 일해야 성공할 수 있다."라고 말했다.

그러니 스스로 바보가 되는 일에 주저하지 않았으면 좋겠다. 또한 바보 같은 자신의 면면을 아끼고 사랑했으면 좋겠다. 계속 배고프고 계속 바보스러워지라는 스티브 잡스의 말처럼, 바보 같은 면면은 자기 자신을 새로운 세계로 안내해 줄 블루오션이 될 수 있다. 그 생뚱맞고 바보스런 기질이 대단한 창의력을 발휘할 수 있으며, 늘 히죽거리며 웃는 바보스러움이 자신과 주변에 긍정적 에너지를 채워줄 것이다. 또한 언제나 손해만 보고 사는 것 같지만 결국 그것이 자신의 것을 나눠주는 기부가 될 수 있다. 그것은 자신을 투명하게 만들고 섬기는 리더로 이끌어줄 수 있을 것이다.

우리 시대 최고의 어른으로 추앙받던 김수환 추기경은 스스로를 바보로 칭하신 분이기도 하다. 삶에 대한 겸양 때문에 바보라 칭하셨겠지만 추기경님은 바보의 철학을 온몸으로 실천하신 분이란 생각이 든다. 성직자들과 함께 있는 자리에도 늘 겸손하게 끝자리에 앉으시고, 허허 거리며 웃는 웃음으로 어린아이부터 노인에 이르기까지 친구를 자처하셨다. 게다가 한국 현대사에 있어 한 획을 그은 역사적 현장에서는 늘 앞에 서서 앞뒤 가리지 않은 채 실행하는 분이셨다. 지금은 천국으로 소풍을 떠나셨지만 김 추기경님의 바보 철학이야말로 우리가 배워야 할 '바보 역발상'이 아닐까.

지금부터 기꺼이 바보가 되자. 바보가 됨으로써 얻게 되는 새로운 긍정적 에너지를 만끽해 보자. 주변의 바보들을 무시하지 말자. 우리와 어깨를 나란히 할 동료들이 될 수 있다.

행복을 부르는 주문

- 권선복

이 땅에 내가 태어난 것도
당신을 만나게 된 것도
참으로 귀한 인연입니다

우리의 삶 모든 것은
마법보다 신기합니다
주문을 외워보세요

나는 행복하다고
정말로 행복하다고
스스로에게 마법을 걸어보세요

정말로 행복해질것입니다
아름다운 우리 인생에
행복에너지 전파하는 삶 만들어나가요

더 밝은 내일

긍정의 힘

- 권선복

우리마음에 긍정의 힘을 심는다면
힘겹고 고된 길 가더라도 두렵지 않습니다.

그 어떤 아픔과 절망이 밀려오더라도
긍정의 힘이 버팀목 되어 줄 것입니다.

지금 당신에게 드리겠습니다.
열린 마음으로 받아들일 수 있는 긍정의 힘.
두 팔 활짝 벌려 받아주세요.

당신의 마음에 심어진 긍정의 힘이
행복에너지로 무럭무럭 자라날 것입니다.

아름다운 사람

아름다운 사람이 되고 싶습니다
내가 말한 말 한마디에
모두가 빙그레 미소 지을 수 있는 힘을 가진
아름다운 사람이 되고 싶습니다.

내가 보인 작은 베풂에
모두가 행복해할 수 있는
선한 영향력을 가진
아름다운 사람이 되고 싶습니다.

말보다 행동보다
모두에게 진정으로 내보일 수 있는
아이같은 순수함을 지닌
아름다운 사람이 되고 싶습니다.

'행복에너지'의 해피 대한민국 프로젝트!

〈모교 책 보내기 운동〉

대한민국의 뿌리, 대한민국의 미래 **청소년·청년**들에게 **책**을 보내주세요.

　많은 학교의 도서관이 가난해지고 있습니다. 그만큼 많은 학생들의 마음 또한 가난해지고 있습니다. 학교 도서관에는 색이 바래고 찢어진 책들이 나뒹굽니다. 더럽고 먼지만 앉은 책을 과연 누가 읽고 싶어 할까요?
　게임과 스마트폰에 중독된 초·중고생들. 입시의 문턱 앞에서 문제집에만 매달리는 고등학생들. 험난한 취업 준비에 책 읽을 시간조차 없는 대학생들. 아무런 꿈도 없이 정해진 길을 따라서만 가는 젊은이들이 과연 대한민국을 이끌 수 있을까요?

　한 권의 책은 한 사람의 인생을 바꾸는 힘을 가지고 있습니다. 한 사람의 인생이 바뀌면 한 나라의 국운이 바뀝니다. **저희 행복에너지에서는 베스트셀러와 각종 기관에서 우수도서로 선정된 도서를 중심으로 〈모교 책 보내기 운동〉을 펼치고 있습니다.** 대한민국의 미래, 젊은이들에게 좋은 책을 보내주십시오. 독자 여러분의 자랑스러운 모교에 보내진 한 권의 책은 더 크게 성장할 대한민국의 발판이 될 것입니다.

　도서출판 행복에너지를 성원해주시는 독자 여러분의 많은 관심과 참여 부탁드리겠습니다.

도서출판 **행복에너지** 임직원 일동
문의전화 　0505-613-6133

함께 보면 좋은 책들

코골이 남편, 불면증 아내

노동훈 지음 | 값 18000원

본서는 수면에 대한 올바른 정보와 불면증 최신 치료에 대한 다각적인 지견을 전달하며 불면증에 시달리는 사람들뿐만 아니라 잠을 보다 깊이, 푹, 잘 자고 싶은 사람들에게 실용적인 도움을 줄 수 있는 정보로 알차게 구성되어 있다. 특히 잠을 잘 자기 위해 해야 할 것과 피해야 할 것, 불면증 해소에 큰 도움이 되는 인지행동치료와 수면 기술(sleep tech)을 제시하며 독자 여러분을 숙면의 세계로 안내한다.

한반도와 강대국의 국제정치

권영근 지음 | 값 33000원

한국국방개혁연구소 소장으로 활동 중인 권영근 저자의 이 책 『한반도와 강대국의 국제정치』는 한반도 해방 이후 여러 강대국, 특히 미국이 한반도에 대해 행했던 국제정책과 목적, 야기된 결과를 예리하게 분석하여 전시작전권 환수의 기로에서 있는 대한민국 국방정책이 나아갈 길을 제시하고 있다. 특히 저자는 대한민국이 과거를 거울삼아 좀 더 자주적인 안보전략으로 나아가기를 희망하고 있다.